SNE ジャーナル

第 24 巻第 1 号　2018.10

特　集：マイノリティの視点からみた特別ニーズ教育と学校

特集にあたって……………………………………… 猪狩恵美子・二通　論（5）

特　集

さまざまな生きづらさをかかえる子ども・青年の学び合い
　　―学習困難児の参加と学びにつながる教科指導の方法―
………………………………………………………… 新井英靖（9）

場面緘黙とひきこもり
　　―自分史をふりかえって―
………………………………………………………… 大橋伸和（24）

性の多様性と学校教育
　　―LGBT の視点から―
………………………………………………………… 奥村　遼（38）

日本語学習と夜間中学校
　　―歴史と現状、国の動向を踏まえて―
………………………………………………………… 関本保孝（51）

原　著

明治期の東京市における初等教育の普及と
「貧困・児童労働・不就学」問題への対応
　　　　― 1900（明治 33）年の小学校令改正以降を中心に―
　　　　………………………………………………… 石井智也・髙橋　智（66）

低学力児童の困難は学校階層背景によっていかに異なるか
　　　　―二つの小学校の事例研究から―
　　　　…………………………………………………… 西　德宏・伊藤　駿（84）

資　料

知的障害児における中学校から特別支援学校高等部への学校移行
　　　　―リアリティショック・ポジティブサプライズを通して―
　　　　……………………………………………………川手さえ子（103）

スコットランドにおけるインクルーシブ教育の法制度的展開
　　　　―スコットランド議会発足後に注目して―
　　　　……………………………………………………伊藤　駿（116）

「知的障害児に対する特別支援学校教師の指導観」尺度の作成とその妥当性
　　　　………………………………斎藤遼太郎・直井麻衣子・奥住秀之（129）

報　告

都道府県及び政令指定都市教育委員会による特別支援学校の
センター的機能の推進に関する実態及び意識調査
　　　　………………………………石橋由紀子・谷　芳恵・吉利宗久（143）

知的障害児の「育ちと発達の困難」の実態と寄宿舎教育の役割
　　─寄宿舎併設知的障害特別支援学校の保護者調査から─
　　………………………………………………小野川文子・髙橋　智（154）

図書紹介
黒田学ほか「世界の特別ニーズ教育と社会開発」シリーズ
　　………………………………………………………吉利宗久（166）

2018 年度日本特別ニーズ教育学会奨励賞について …………………………（169）
次号案内………………………………………………………………………………（170）
Contents and Abstracts……………………………………………………………（177）
編集後記………………………………………………………………………………（187）

特集にあたって

マイノリティの視点からみた
特別ニーズ教育と学校

猪狩 恵美子
（福岡女学院大学人間関係学部）

二通 諭
（札幌学院大学人文学部人間科学科）

　2018年7月、お茶の水女子大学が、戸籍上は男性だが自身を女性と認識するトランスジェンダーの学生を2020年度から受け入れることを表明した。学長の「多様性を包摂する社会へ対応としても当然」という言葉は、特別ニーズ教育の一つの到達として重い意味をもつ。今後、他大学への波及は必至である。

　かつて窪島は、特別な教育的ニーズを有する者は、伝統的な考え方にもとづく障害者に限られるものではないと述べたうえで、「特別なニーズ」を、「ある歴史的段階とある社会において法令ないし社会習慣、科学技術や福祉の普及水準として特定される一般的な条件の下では十分満たされないニーズという意味」であると定義した[1]。

　それを受けて清水は「歴史・社会特定的な性格をもつことをわすれてはいけない」と述べ、「特別なニーズ」は、「人のライフサイクルの各段階で生起し、それに対応した適切な社会的なサポートは、対象者の生活の中心が家庭か、あるいは学校か、さもなくば就労を中心とする成人社会なのか否かによって違ってくる」ものであると指摘した[2]。

　窪島と清水の議論は1990年代のものだが、慧眼ぶりが際立つ。20年前には想像することさえ困難であったお茶の水女子大学の決断は、特別ニーズ教育史の確かな歩みを象徴するものである。

　ここで、特別ニーズ教育推進の道程を、国際的動向、国内的動向の反映である行政の動きから捕捉しておく。

平成19年4月1日付の文部科学省初等中等教育局長による「特別支援教育の推進について（通知)」は、上記発行日をもって、特殊教育から特別支援教育へと移行したのであり、特別支援教育推進の方向を定めた綱領的文書と言ってよい。

　冒頭部分で、特別支援教育の理念を3つのパラグラフにまとめているが、第2パラグラフの「また、特別支援教育は、これまでの特殊教育の対象の障害だけでなく、知的遅れのない発達障害も含めて、特別な支援を必要とする幼児児童生徒が在籍する全ての学校において実施されるものである」は、特別支援教育の対象を「知的遅れのない発達障害」を含むとし、対象枠の拡大を提示している。第3パラグラフの「さらに、特別支援教育は、障害のある幼児児童生徒への教育にとどまらず、障害の有無やその他の個々の違いを認識しつつ様々な人々が生き生きと活躍できる共生社会の形成の基礎となるものであり、我が国の現在及び将来の社会にとって重要な意味を持っている」は、特別支援教育の歴史的・社会的意味、すなわち社会発展上の意義について述べ、その後の推移を見るなら、マイノリティへの教育的支援を射程にしていたものといえる。

　このことについて若干補足するなら、たとえば、2017年の学習指導要領改訂は、2014年の文科大臣による中教審への諮問によって開始されたが、諮問文には、「成熟社会を迎えた我が国が、個人と社会の豊かさを追求していくためには、一人一人の多様性を原動力とし、新たな価値生み出していくことが必要」との認識が示されている。これは、〈分断と排除〉の政治思想に与しない教育思想として措定かつ援用できるものである。

　さらに、2018年申請の教職課程再課程認定に先立って提示されたコアカリキュラムでは、以下のとおりマイノリティへの教育的支援も企図されているという点で注目に値する。

　「教育の基礎的理解に関する科目」の「特別の支援を必要とする幼児、児童及び生徒に対する理解」のコアカリキュラムでは全3項の3項目に、「(3) 障害はないが特別の教育的ニーズのある幼児、児童及び生徒の把握や支援」を掲げている。そこに示されている「一般目標：障害はないが特別の教育的ニーズのある幼児、児童及び生徒の学習上又は生活上の困難とその対応を理解する」および「到達目標1) 母国語や貧困の問題等により特別の教育的ニーズのある幼

児、児童及び生徒の学習上又は生活上の困難や組織的な対応の必要性を理解している」は、特別支援教育を、教員養成レベルにおいても、障害の有無に関わらず特別な支援を要する児童生徒全般を射程にするものとして位置づけた証左である。

このような流れにあって、理論研究はもちろん、マイノリティ当事者や教育現場等の実践者の生の声を反映させる研究活動は大きな意味をもつ。

本特集は、2017年10月に開催された日本特別ニーズ教育学会第23回研究大会における課題研究「マイノリティの視点からみた特別ニーズ教育」の成果をふまえ、〈多様性〉に開かれた文化・価値の考察と創造を企図して構成したものである。

新井は、学習困難児が授業に参加し、他者と学び合うことを可能にするためには、「ユニバーサルデザイン」のような一定の型による展開ではなく、関心のある教材やテーマのもとで、教師が柔軟かつ即興的な指導技術を駆使することこそ重要であると述べる。

大橋は、13年間にわたる〈場面緘黙・ひきこもり〉という自分史を振り返り、困難の発生と克服の道程における環境要因、教育的アプローチ、内面の葛藤と確立などの意味を問う。すなわち、当事者の内面世界から当事者支援のあるべき姿を照射する。

奥村は、現下の学校において、LGBT当事者を含むすべての子どもたちが性の多様性について正しい情報を得ることが困難であると指摘。この課題についての教員養成段階における教育の不在が背景にあると述べる。有効なアプローチとして、間接的アプローチ「支援」、直接的アプローチ「支援」、カミングアウト後の継続的な寄り添いを挙げる。

関本は、夜間中学校の実践者として、戦後の夜間中学校の軌跡を概観する。そのうえで、不登校や社会的貧困等による義務教育未修了者、新渡日外国人等の日本語未修得者からなる現下の夜間中学校を、教育権保障、多文化共生社会の形成という観点からその今日的意義を明示する。

以上、〈マイノリティ〉の視点から掬いあげた課題であったが、現下の特別ニーズ教育の課題そのものである。特別ニーズ教育は、〈多文化共生〉、〈共生社会〉というビジョンに向かって進んでいるが、それは、だれもが生きやす

く、豊かに力が発揮できる社会である。

注

1) 窪島務「通常の学校における『特別なニーズ教育』をめぐる諸問題」茂木俊彦・清水貞夫編著『障害児教育改革の展望』全障研出版部、1995、p.168
2) 清水貞夫「わたしの考える『特別なニーズ教育』」『SNE ジャーナル 23』文理閣、1998、p.39

特　集

さまざまな生きづらさをかかえる
子ども・青年の学び合い
―学習困難児の参加と学びにつながる教科指導の方法―

新井　英靖
（茨城大学教育学部）

　本論文では、「生きづらさ」を抱える学習困難児が授業のなかで他児と学び合う学習の様子をエピソードとして取り上げることを通して、学習困難児の学習参加に必要な授業展開や指導技術を分析した。

　その結果、学習困難児が授業に参加し、他者と学び合うことを可能にするために、教師は「ユニバーサルデザイン」のように一定の型にしたがって授業を展開するのではなく、一人ひとりの異なる学びの過程に沿って学習課題や教材を変化させていたことが研究授業の分析を通して明らかになった。また、教師はクラスのなかで自然に出される子どもの「つぶやき」や質問を丁寧に拾い、教科の本質にふれることができるように授業を展開していた。このように、子どもにとって学びに値する教材や課題の中で、教師の柔軟かつ即興的な指導技術を駆使して授業を展開することが、さまざまな生きづらさを抱える学習困難児の授業参加を促し、共同的に学び合うことを可能すると考えた。

キーワード

教科学習　Academic subjects

共同的な学び　Collaborative learning

教師の指導技術　Teaching method

研究授業　Lesson study

Ⅰ．はじめに―「生きづらさ」をかかえる子どもの授業づくりの課題

　近年、当事者の手記や記録が多く刊行されるようになり、障害者をはじめとする「生きづらさ」を抱える人の思いや感じ方が広く知られるようになった（服部 2008；東田 2007；ドナ・ウィリアムス 2008 など）。こうした時代において、当事者本人のニーズを調査し、どのような支援が必要であるのかについてさまざまな角度から研究が進められてきたが（笹ケ瀬ほか 2015；奥村・加瀬 2016；田部 2016 など）、これらの研究では「学校・社会」が当事者の思いや感じ方に合わせて柔軟に対応していくことが必要であるとする帰結が多く論じられている。

　こうした中で、日本では、障害者差別解消法が施行され、障害を理由とした差別を解消するために、「合理的配慮」を提供することが義務付けられた。そのため、今後、障害のある人に対して、障害を理由に社会参加が阻害されることのないよう、「過度な負担」とならない範囲で「特別な支援」を提供しなければならない[1]。これは、教育現場において、障害のある児童生徒の特別なニーズを的確に把握し、必要な「特別支援」を提供するきっかけとなり得る法整備であり、障害者の権利保障という点では大きな前進であると考えられる。

　しかし、当事者がその思いや感じ方を表現し、それに対する「特別な支援」を提供すれば、「生きづらさ」を抱える子どもは他の子どもと学び合うことができるだろうか。そもそも、学校において「生きづらさ」を感じている子どもの学習上の困難は、本人の「障害」に起因するものばかりでなく、学校文化やクラスメートとの関係性のなかで生じているものも多くあるのではないだろうか。

　たとえば、近年の自閉症研究の知見では、自閉症者の社会性の困難は器質的な特性（あるいは脳の機能障害）だけに起因するものではなく、「社会的経験の相互作用から創発する発達的な現象」と捉える必要があると指摘されている（千住 2018, 43）。そのため、自閉症児の不安の強さやパニックといった困難も、単に他者の意図理解が難しいなどといった本人の障害特性から考えるのではなく、発言しにくいクラスの雰囲気や、授業中の学習課題が多様でなく、本

人の学習ニーズに合っていない授業のなかで生じているという見方をすることが必要だろう。

このように考えると、「生きづらさ」をかかえる子ども・青年が、クラスのなかで学び合うためには、他者との「差異」を埋める特別なアプローチを提供するだけでなく、他者と共同的に学ぶことを可能にする授業方法を検討することが必要である。そこで、本論文では、どのような授業を展開すれば「生きづらさ」を抱える学習困難児が学び合いに参加し、学びを深めていくことができるのかという点について検討することとした。

Ⅱ．先行研究の検討および研究の目的

学習集団のなかで共同的に学び合う授業づくりに関する研究は、日本においては1970年代頃からみられる[2]。その後、1990年代になると、学習科学に関する研究が発展するなかで大きく取り上げられるようになり、談話分析などを通じて学び合いにおける思考過程が明らかにされてきた（藤江 2000 など）。そこでは、「言い淀み」「躊躇」「不適切な助詞の使用」「主述の不一致」などを含めた児童生徒の発言が学び合いを促進し、学習理解を深めていることが明らかにされてきた（一柳 2009；一柳 2012）。

このように、授業中に子どもが発する一見関係ないと思える言葉も、教師が拾い、学習と結びつけていくことで子どもの学びは深まることがある。このことは、裏を返せば、「教師の応答性と授業構成のあり方」が学び合いを支えているということもできるだろう（原・竹内 2011）。ただし、これまでの研究では、学習困難児の学習過程を分析した研究は少なく検討の余地が残されている。特に、学習困難児ほど授業の流れから逸脱する発言や、言い淀みが多く見られることを考えると、学習困難児が授業に参加するために、教師は子どもの言動をどのように取り上げ、応答し、授業を展開しているのかについて精緻に分析することが必要である。

そこで、本論文では筆者がこれまで参観した小・中学校の授業のなかで、「生きづらさ」を抱える学習困難児（以下、「学習困難児」とする）[3] が他のクラスメートと学び合っていた授業事例を取り上げ、上記の点について分析するこ

とを目的とした。

Ⅲ．研究の方法─分析の対象とする授業と分析の視点

　本論文では、2015年～2017年にかけて筆者が参観した小／中学校研究授業なかで、学習困難児が他の子どもと交わり、学習していた授業を取り上げ、学び合いの成立に寄与する教師の応答性や授業構成について検討することとした。具体的には、小学校および中学校の授業エピソードを記し、学習困難児を含めたクラスで学び合うための教師の関わり、授業展開、学習課題の設定について分析した[4]。

Ⅳ．子どもどうしが学び合い、理解を深める授業展開

1．授業エピソードⅠ：「ハンバーガーを作ろう」という算数の授業

　まず、小学校2年生の算数の授業エピソードを取り上げ、学習困難児の授業参加と学びの深まりについて考えてみたい。

　筆者が参観したクラスは児童が30人程度の平均的な大きさであるが、落ち着かない子どもも多く、授業に集中して取り組むために教師は授業を工夫することが必要であった[5]。本時は、「筆算を使って3桁の数から3桁または2桁の数を引く」ことを学習する時間であったが、単にドリル形式で計算するだけの授業では集中して学習に取り組めない子どもが多かった。そのため、教師は子どもたちにとって身近なハンバーガーを教材にして、その値段を計算する学習を計画した。

　この授業では、教師はハンバーガーづくりを楽しんで終わりにならないように、ハンバーガーを作るときの「約束」を以下のように子どもたちに明確に示していた。

ハンバーガー作りの約束
（1）300円で作ること　（2）材料に○をつけること　（3）式を考えること

　クラスの子どもたちは、この約束に沿ってハンバーガーづくりを始めたが、

落ち着きがなく、やり方がわからないでいたＡ児は教師に活動開始後すぐに次のように質問した。

「２つ質問があります。パンは２つで30円ですか？　同じ材料を２個選んでも良いですか？そのときは、◎をつけるのですか？」

教師はこれらの質問に対して、「ハンバーガーのパンははさむために上と下にあるけど、これらは合わせて30円です」「同じ材料を２つ選んでもいいです」「２個同じ物を選んだときはワークシートに◎を付けましょう」というように、質問をした子どもにだけでなくクラス全員にわかるように話をした。このように、子どもの疑問や質問を教師は拾いあげ、全体の子どもにていねいに返したので、算数が苦手な子どもでもどのようにハンバーガーを作ればよいか理解できた（具体的な具材の値段は**表1**参照）。

表1　子どもたちに提示した具材と値段

パン 30円	ハンバーグ 130円	ベーコン 99円	トマト 76円
レタス 52円	パイナップル 79円	めだまやき 88円	チーズ 44円
たまねぎ 21円	マッシュルーム 56円	きゅうり 61円	

その後、子どもたちは近くの子どもたちと話し合いながらハンバーガーづくりに夢中になっていた。このときＡ児は、300円以内のハンバーガーを作らないといけないということを忘れ、好きな具材にとにかく○をつけていたので、周りの子どもたちが「（具材を）そんなに入れたら300円超えちゃうよ」などと声をかけていた。すると、Ａ児は「300円以内」という点に注意を向けることができるようになった。

一方で、このクラスには、300円以内におさめようとていねいに筆算式を書き、正解を出すことに注意を向けている子どももいた。そうした子どもたちは、どんなハンバーガーになっているかを意識せず、300円を超えないようにすることばかり考えているように見受けられた。しかし、Ａ児が「僕はトマトは嫌いだから、ハンバーガーには入れない」など、どんなハンバーガーを作るかばかり考えている様子を見て、自分のハンバーガーがどんなふうになっているのかを見つめ直している子どももいた。

教師は、クラスの子どもたちがハンバーガーづくりに関心を向け、ワイワイと騒ぎながら計算しているなかで、学力の低い子どもたちを中心に机間指導し、計算の仕方をていねいに教えていた。そうしたなかなで、A児から「ハンバーグは必ず入れなければいけませんか？」という質問が出された。この質問に対して、教師は「ハンバーガーだからね、ハンバーグは入れてほしいけど、もし、野菜だけのバーガーを作りたかったら、それでもいいよ」と返答した。こうした教師と児童のやりとりを聞いていた他の子どもたちは、周りの子どものバーガーをのぞき見して、野菜だけで作っている友達がいないかどうかを確かめていた。

　子どもたちは「野菜バーガーでも良い」ということがわかってから、それまで以上に具材を選びやすくなり、多様な組み合わせの計算をするようになっていた。少し経つと、「自分が作ったのはトマトバーガーだ」などという声も上がり、グループで自分のバーガーを他の子どもに見せたり、個性的なバーガーも登場して授業がとても盛り上がった。

　こうした授業が展開されると、授業の冒頭で「同じ材料を2つ選んでも良いですか？」というように、「ハンバーグの具材を選ぶ方法」について細かく質問していた落ち着きのなかったA児も、授業の後半では、
「作ったハンバーガーが300円を超えてしまったら、また最初からですか？　足して10円になる組み合わせがないときは、どうしたら良いですか？」
というように、算数的な思考につながる質問をするようになっていた。

　もちろん、こうした質問に対して教師は、
「300円を超えたら選んだ具材をいくつか抜いて、300円で収まるようにしてごらん」
「足して10円になる組み合わせがみつからないときは、ハンバーグの値段をぴったり300円にしなくても良いです」
というように、ていねいに答え、子どもの学びを支えていた。また、この子どもの近くに座っていた友だちが、ぴったり10円になる具材の組み合わせをそっと教えるなど、子どもたちどうしで学び合う姿も見られた。

　このように、A児が他の子どもと共に学び合うには、教師は単に話し合いを設定するだけでなく、算数の授業でありながら、子どもたちが「ハンバーガー

づくり」に夢中になる授業を展開していた。そして、クラスには「わからない」ことを表明することができる雰囲気があり、教師は一人の「わからなさ」を拾いあげ、クラス全体に広げていた。そして、子どもの思いや思考に沿って授業を進めていくと、「ハンバーガーをつくろう」という授業の条件設定が柔軟に変更され、結果として「野菜バーガーをつくる」ことをも許容するといった、教師の即興的な対応もあった。

　以上のように、子どもの疑問やつぶやきをていねいに拾い、クラスの他の子どもの学びとつなぐといった教師の質の高い指導技術があったからこそ、学習困難のあるA児が学び合いに参加できたのだと考える。そして、こうしたことができたのは、学習困難のあるA児の意見が授業進行を妨害するものと捉えるのではなく、むしろ授業の流れを形成する重要な「声」として受け止められる教師だったからだと考える。

2.　授業エピソードⅡ—「のりものすごいぞカード」を作成する国語の授業

　続いて、読解と表現（書くこと）の力を育てる国語の授業エピソードから考えてみたい。この授業は小学1年生の『いろいろなふね』という説明文を読み、教師は「船の『役目』『つくり』『できること』という3つの観点に沿った説明の仕方を学び、習得した事をカード作りに生かせる」ことをねらいとしていた。ただし、この授業に参加していたB児は、「ひらがなを一文字ずつ読むことはできるが、文章を読む時には言葉のまとまりとして意味を理解することが難しい」児童であった。そのため、「発言するときも、考えがまとまらず思いを十分に伝えられない事が多」く、「書くことは更に苦手」という実態であった（文中の「　」は、研究授業時に配布された学習指導案から抜粋した）。

　この単元では、クラス全体としては「書かれている内容を事柄ごとに読み取り、ほかの本で調べたことをまとめることができる力を育むこと」をねらいとしたが、B児に対しては「口述したものを教師が文章化して本人が書くという経験を重ね、少しずつ自力で書けること」を目指すこととした（研究授業時に配布された学習指導案より抜粋）。そして、B児のような書くことに抵抗のある子どもでも授業に参加しやすくなるように、授業の導入はミニカーで遊び、その後に、のりものカードを作ろうと児童に呼びかけ、「のりものすごいぞカー

ドをつくろう」という単元名を黒板に書いて授業がスタートした。

その後、子どもたちが「のりものすごいぞカード」をつくるために、ショベルカーを取り上げて、「ショベルカーの『やくめ』と『つくり』を見つけよう」という課題が提示された。しかし、言語的に理解することが難しい子どもが多いクラスであったので、教師は工事現場で活躍する乗り物を紹介するＤＶＤをテレビで流し、ショベルカーの映像をクラスみんなで見たり（視覚化）、ショベルカーの動作を真似させて理解を促していた（動作化）。

ただし、この授業を担当していた教師は、必ずしも「見る」ことで、あるいは「動作する」ことで「わかりやすくなる」と考えていたわけではなかった。たとえば、実際の映像を見せた後に、教師がショベルカーの写真を見せて、「資料から、必要な情報を見つける」ことができるようにする学習の際にも、ショベルカーの先端部分がなく、土をすくいあげることができないような不完全なイラストを見せて、「提示された絵のどこがおかしいのかを話し合う」というように授業を進めていた。子どもたちは、ショベルカーの映像を見たときに、バックに迫力ある（かっこいいと感じる）音楽が流れていたこともあり、男の子のみならずクラス全体で「オーッ」という歓声が上がっていた。こうした感動を味わったあとに、先生が不完全なイラストを提示したので、普段の生活では細かいところに目を向けることができない学習困難のある子どもたちも、そのイラストには違和感を覚え、「これはおかしい」「それじゃぁ、～できないよ」など、「やくめ」や「つくり」につながる言葉を口にした児童が多くいた。また、ショベルカーの動作をさせる場面でも、手でショベルカーのように土をすくい上げる真似をさせるだけでなく、「もし、こんな車だったらどうだろう？」とショベルカーになりきるような問いかけをして、動作を通して想像をかき立てるように指導していた。

この授業の教師は、「書き進めることができない児童がいたら、テキストに戻り基本の文型を確認するように促す」ということをあらかじめ学習指導案の「教師の支援」のところに明記していた。これは、個別的な配慮が必要な児童には基本の文型に注意が向くように意図的に指導する必要があることを認識していたことを意味する。その一方で、教師は隣の子どもとペアで学ぶことも重要視していて、「ショベルカーの『役目』と『つくり』が合っているかをペア

で確認した後に『すごいな。』と思ったことを伝え合うようにして、次時の学習『ショベルカーのすごいところ（できること）を見つけよう。』につなげるようにする」ということもこの授業ではねらっていた。このように、基本的な文型を意識させて文章指導をする一方で、「すごい！」と思ったことを基本にして違和感のあることを話し合ったり、「なりきること（動作化）」を通して想像をふくらませるように授業を進めていた。

　また、この授業は、説明文を読み、ショベルカーの役割や機能といった点に注目させることを目標にしていたが、その授業展開は「『やくめ』はなに？」「『つくり』はどうなっている？」と言語的に問いかけるという授業を展開していたわけではなかった。そうではなく、ミニカーで遊ぶことから始まり、ショベルカーのすごいところを紹介するといった、子どもたちの生活・文化に関連させたり、「のりものすごいぞカードをつくる」といった表現活動を通して学習を進めていた。特に、この授業では、感動したことや、不十分なイラストを見せ「違和感を抱きやすい状況」のなかで学んでいたので、学習困難のある子どもでも、役目や機能といった（小学1年生にとっては）抽象的な内容を隣の子どもと話し合い、文章の内容をより理解できたのだと考える。

Ⅴ．中学校における学習困難児の授業参加と学び

　中学生（青年期）になると、学力差が大きくなり、小学校の授業事例で取り上げたような児童の発言をもとに授業展開を変化させたり、共通した関心をもとに自由に表現させるという指導方法の工夫だけでは限界がある。そのため、特別支援学級のような場を活用して、学習困難児が集まり、学び合うことが必要なケースもあるだろう（詳しくは、新井 2016b 参照）。その一方で、学力差があっても中学校の授業に学習困難児が参加できている授業は存在する。そこで、本節では、いくつかの中学校における授業エピソードをもとに、青年期における学習困難生徒が参加しようとする授業づくりについて検討したい。

　はじめに、中学2年国語の『小さな労働者』を題材にした授業を取り上げる。この授業には、自分の思いを言葉で表現することが苦手な生徒（C児）がいた。C児は、グループでの学習においても、友達とかかわりをもつことを避

けようとする傾向が強く、周りの生徒も接し方が難しい生徒であった。ただし、普段は発言が極めて少ないが、どうしても話さなくてはならない状況になると人前で話せる時もあった。国語の学習では、ノートをまとめるなど、文章を書く学習に丁寧に取り組めるようになってきており、学習意欲が高まっていた。こうしたなかで児童就労に関する衝撃的な内容の文章を読めば、自分なりの考えをもつことができると国語の教師は考えた（研究授業時に配布された学習指導案より抜粋）。

　加えてこの授業では、児童就労に関する文章を読んだあと、ＣＭのナレーションを作るという言語活動を設定し、苦手意識をもつ生徒が多い「話すこと」の学習にも、意欲的に学習に取り組めるようにしていた。また、30秒で発表するというルールを作ることで内容や時間について友達と必然的に話し合う様子が見られたり、相談する際に、グループでリハーサルを行う順番や役割を決めるなどの学び合いができるように工夫していた（研究授業時に配布された学習指導案より抜粋）。このように、授業の中で「自分にも役割がある」と感じさせる授業を設定したことで、Ｃ児は他の生徒と関わりながら学習していた。

　次に、筆者が参観した数学の授業（中学1年生：単元名「文字と式」）を取り上げる。この授業では、生徒に数を想像させ、それを当てるゲームを行っていた（ゲームの流れは以下の通り）。

数学の授業で用いられた「誕生日あてゲーム」の流れ
① 　誕生日（○月○日）を思い浮かべてください（教師以外の人は誕生日を確認する）。
② 　誕生月に4をかけてください。
③ 　その数字に9を足してください。
④ 　その数字に25をかけてください。
⑤ 　その数字に日にちを足してください。
⑥ 　その数字はいくつになったか教えてください。→生徒「1128です」
⑦ 　あなたが思い浮かべた誕生日は「9月3日」ですね。

　生徒たちにしてみれば、③の手続き（余計な9を足す）を加えることで、誕生月Ｘを100倍して数値化しようとしている教師側の意図が見えにくくなっているため、マジックショーを見ているような感覚になっていた。教師が「⑦あ

なたの誕生日は9月3日ですね」と言い当てたとき、生徒たちから、「えーっ⁉」という驚きの声があがった。こうした授業であったので、数学がとても苦手な生徒でも「先生はどうして誕生日を言い当てることができたのか？」と不思議な数学の世界に自然と引き込まれ、授業に参加しようとしていた。

この授業を担当した教師は、「中学生になって登場するXとかYを使った式の意味をわかってもらうため」にこうした授業が必要であると考えていた。つまり、今回の授業で言えば、生徒が思い浮かべた誕生日を「XとY」に置き換えて、「どんな数字を当てはめても答えが導ける」ということをねらっていたという。

もちろん、数学が苦手な生徒は、教師が発展課題として出した「誕生日当てゲームの解き方を数式で表してみよう」という課題にはついていけず、その式の意味を理解することは難しかったようであった。しかし、こうした授業のなかで数学の面白さにふれることはでき、最後まで授業から離脱することはなかった。

以上のように、中学校においては、その教科の本質にふれるような内容のなかで、生徒はその授業にとどまり、その生徒なりに考えようとしていた[6]。これは、他者と関わっているうちに楽しくなり、教科内容が理解できるようになっていくといった学習過程を想定できる小学校での学びとは若干、授業展開の特徴が異なる点であると考える。

また、国語や数学といった認識能力が直接的に関係する中学校の教科指導では、授業に参加できていたとしても、学力的に低い生徒が学習内容を理解することは難しいという現実があり、そうした生徒の学力の保障をどうしたら良いかという点は、検討の余地が残されている。つまり、中学生の授業参加と学びの深まりに関して、他の生徒と「学び合う」という価値と、生徒が学習内容を十分に理解できるように指導するという点をどのように両立させるかという点は、今後の研究課題として残されていると考える。

Ⅵ．まとめと考察──学習困難児を指導する教師に求められる専門性

これまで示してきた小学校および中学校の授業事例を総括すると、教師は学

習困難児が授業に参加し、他者と学び合うことを可能にするためには、「ユニバーサルデザイン」のように一定の型にしたがって授業を展開するのではなく、一人ひとりの異なる学びの過程に沿って学習課題や教材を変化させていた。そして、授業で提示された学習課題や教材にすぐにアクセスできなかったとしても、教師はクラスのなかで自然に出される子どもの「つぶやき」や質問を丁寧に拾い、他者とつないだり、教科の本質にふれることができるように工夫された授業のなかで学習困難のある子どもが授業に「参加」している様子が見られた。以上のことから、子どもにとって関心のある教材やテーマを取り上げ、教師の柔軟かつ即興的な指導技術が駆使された授業展開のなかで学ぶことで、さまざまな生きづらさを抱える学習困難児が授業に参加し、共同的に学ぶことを可能にしていたと考える。

　近年、日本の特別支援教育では、子どもの特性をアセスメントし、教育内容や指導方法が検討される傾向にあり、教師の専門性もそれに従った能力指標やスタンダードが示されている。しかし、本論文で示した授業エピソードから示唆されることは、生きづらさを抱えている学習困難児が授業に参加し、他者と学び合うためには、障害特性をふまえて導き出された学習課題を特別な方法を用いて指導するのではなく、他者との関係性を「網の目」のように捉え、授業のなかで関係の網が変化するように関わることで、内容理解が深まっていくということであった。

　佐伯らはこうした学びを「文化的実践」と呼び、21世紀の学習のあり方として論じてきた（佐伯 1995, 201-202；石黒 2010, 118など）。筆者もこの考え方を基盤にして、「夢中になれる活動」のなかで、他者と関係し合いながら教科を学ぶことが、「否定的であった私」（自己肯定感の低さ）を書き換える継起となるのではないかと指摘してきた（新井 2018）。本論文においても、発達障害をはじめとした「生きづらさ」をかかえる子どもや青年が、学校のなかで生き生きと学び合うためには、学習困難児が教材世界に没入するためにどのような文化的な内容（教材）を子どもたちの前に提示すればよいかという「教科内容学」的な側面と、子どもと教材世界を「つなぐ」ための指導技術（教育方法学的側面）を融合していくことが求められていることが示唆された。筆者は、こうした両面を融合する授業を展開することが、真の意味で教師の専門性（教育

実践能力）であると考える。

　ただし、以上のような知見は限られた授業エピソードを分析的に検討したものであり、もっと多様な教科、多様な困難を抱える子どもから究明する必要があると考える。この点については、今後の課題としたい。

付記

　本論文は、科学研究費補助金を受けて行われた研究『質的研究法を用いた若手教師の授業力向上プログラムの開発』（研究代表者・新井英靖；課題番号16K13514）の研究成果報告の一部である。

注

1）　合理的配慮と特別支援教育における実践課題については、新井（2016a）に詳述した。
2）　吉本均の学習集団論が有名である。吉本の研究業績については、『学級の教育力を生かす吉本均著作選集』（明治図書）全5巻を参照。
3）　「生きづらさを抱える学習困難児」には、発達障害のみならず、外国とつながりのある児童生徒や貧困家庭の子ども、被虐待児など、さまざまに存在するが、本研究では発達障害の特性を有する学習上の困難を中心に検討していくこととする。
4）　エピソード記述を用いた授業分析は「質的研究」に分類される。質的研究の方法論については、Merriam, S.B.（1998 = 2004, 343-344）や麻生（2009）を参照した。特に麻生は、「事象そのものに実体化されている『普遍』」を見出すために、「前後の文脈などのディテールを詳しく書き込み、それを目撃したときの主観的な感想や、その目撃したことの意味づけをたっぷり書き込んでおくこと」や「出来事をニュートラルな冷静な精神で見るのではなく、さまざまな好奇心、感情や思考を全面的に働かせつつ観察すること」が必要であると述べている（麻生 2009, 245-254）。本研究では、以上のような視点で観察した授業をエピソード化し、それをもとに、解釈的考察を試みることで、「生きづらさ」を抱える子どもの学習参加と学び合いのために必要な視点を析出するという方法を採用した。
5）　本論文で取り上げられている事例については、筆者が参観した授業で観察した子どもの様子をもとに記述しているが、プライバシー保護のため、何名かの事例を一人の事例として統合して記述し、個人を特定できないように架空のケースとして記述している。なお、授業展開を論述するにあたっては、原稿執筆後に当該校および教育委員会に授業エピソード提供の許諾を得ている。
6）　今回の論文では紙面の制約から国語と数学に限って事例を取り上げたが、授業参加を可能にする授業づくりは国語・数学以外の教科でも可能であると考える。

文献

麻生武（2009）『「見る」と「書く」との出会い　フィールド観察学入門』．新曜社．

新井英靖（2016a）「インクルーシブ教育の合理的配慮と実践課題」．吉利宗久ほか『特別支援教育の新しいかたち』培風館．33-40．

新井英靖（2016b）「中学校生徒の『つながり』を生み出す教育実践の創造」．『アクション・リサーチでつくるインクルーシブ授業』．ミネルヴァ書房．142-153．

新井英靖（2018）「中学校におけるインクルーシブ授業と教科学習の意義—情緒不安定な中学生に対する教科学習の指導から—」．『インクルーシブ授業の国際比較研究』．福村出版．145-156．

石黒広昭(2010)「実践としての文化—文化に対する社会歴史的アプローチ」．石黒広昭・亀田達也編『文化と実践　心の本質的社会性を問う』，新曜社．107-158．

一柳智紀（2009）「教師のリヴォイシングの相違が児童の聴くという行為と学習に与える影響」．『教育心理学研究』第 57 巻，373-384．

一柳智紀（2012）「児童の話し方に着目した物語文章読解授業における読みの生成過程の検討—D. バーンズの『探求的会話』に基づく授業談話とワークシートの分析—」．『教育方法学研究』第 38 巻，13-23．

奥村遼・加瀬進（2016）「セクシャルマイノリティに対する配慮及び支援に関する研究：学校教育現場に対する当事者のクレームを手がかりに」．『東京学芸大学紀要（総合教育科学系）』第 67 巻 2 号，11-19．

佐伯胖（1995）『「学ぶ」ということの意味』．岩波書店．

笹ケ瀬菜生・田部絢子・高橋智（2015）「発達障害者の『皮膚感覚』の困難・ニーズに関する研究：発達障害の本人調査から」．『東京学芸大学紀要（総合教育科学系）』第 66 巻 2 号，73-106．

千住淳（2018）「社会脳と自閉スペクトラム」．日本発達障害心理学会編『自閉症スペクトラムの発達科学』．新曜社．36-46．

田部絢子（2016）「発達障害児の食行動に関する困難・ニーズと支援」．『SNE ジャーナル』第 22 巻 1 号，22-36．

ドナ・ウィリアムス・門脇陽子訳（2008）『ドナ・ウィリアムスの自閉症の豊かな世界』．明石書店．

服部智子（2008）『当事者が語る異文化としてのアスペルガー』．クリエイツかもがわ．

原陽子・竹内元（2011）「授業におけるつぶやきに応答する教師の実践課題：教育実践開発研究実習における授業の省察を中心に」．『宮崎大学教育文化学部附属教育実践総合センター研究紀要』第 19 号，179-190．

東田直樹（2007）『自閉症の僕が飛び跳ねる理由』．エスコアール．

藤江康彦（2000）「一斉授業の話し合い場面における子どもの両義的な発話の機能—小学 5 年生の社会科授業における教室談話の分析—」．『教育心理学研究』第 48 巻，21-31．

Merriam, S.B., 1998, Qualitative Research and Case Study Applications in Education: Revised and Expanded. John Wiley and Sons. (邦訳：堀薫夫・久保真人・成島美弥訳 (2004)『質的調査研究法入門 教育における調査法とケース・スタディ』. ミネルヴァ書房.)

特　集

場面緘黙とひきこもり
―自分史をふりかえって―

大橋 伸和
（場面緘黙・ひきこもり経験者）

　　私は場面緘黙とひきこもりを経験した。10歳のとき、外で声を出せなくなった。場面緘黙の状態は、小学4年生から13年間続いた。24歳で声を出せるようになったので、25歳で大学に入学した。大学卒業後に就職したが、長く続かなかった。経験不足と発達障害が阻害した。34歳になったいま、自分に合ったパートタイムの仕事をしている。さらに、場面緘黙への理解を得るための講演をしている。本稿は私の経験を概括したものである。小学校時代に学校に行けなくなり、中学校にも行けなかった。不登校である。しかし、児童相談所で受けた遊戯療法は効果があった。高校時代は孤独を選択したが、夢を持ち続けた。病院のワークショップでは人に頼られる経験をした。これが自信になった。私の場合、選択性緘黙の克服には5つの要因があった。場面緘黙が治った後の大学教員の支援も重要であった。場面緘黙者は緊張と不安のために声を出せない。本稿が場面緘黙の理解に貢献することを願う。

キーワード

場面緘黙

ひきこもり

不登校

Ⅰ．はじめに

　自宅から出た瞬間、学校へ一歩足を踏み入れた瞬間、特定の場面になったとき、またはその場所に特定の人が入ってきたとき、声を発して話すことができなくなる。あるいは緊張で体が動かなくなる。場面緘黙、あるいは医学の分野では選択性緘黙症（Selective Mutism）と呼ばれる症状だ。

　本稿は、当事者として、この症状に小学4年生から24歳までの約13年間苛まれた経験を、主観的観点と客観的観点から披歴したものである。加えて、筆者にとっては場面緘黙への理解と支援の方法を広く関係者に提起する試みでもある。

　場面緘黙はコミュニケーションの根幹を覆されることにより、社会的・精神的に大きな困難を生み出す。この困難の解決には周囲の理解と適切なかかわりが重要になる。今も苦しみの最中にある場面緘黙当事者と理解や支援方法を模索する関係者にとって、本稿が参照すべき一つの材料になることを願っている。

　　＊本稿は、「場面緘黙」という表記で統一した。「選択性緘黙症」という表記だと、当
　　事者が自ら話さないと決めているという誤った理解につながるのではないかと危惧
　　したからだ。理解の重要ポイントは、当事者はわざと「話さない」のではなく、極
　　度な不安や緊張のために「話せない」ということだ。

Ⅱ．場面緘黙の状態

　特定の場面で話せなくなる状態が主症状だが、その状態像は多様である。特定の場面といっても、学校の教室だけで話せなくなる場合もあれば、学校に入るとまったく話せない場合もある。または学校内でも特定の友人とだけなら話すことができるなど多種多様だ。

　筆者のケースでは、家から一歩出ると声を出しての会話が出来なくなり、身体の緊張も強くなった。また、自宅に居ても家族以外の親戚や友人、訪問客などが来訪すると途端に場面緘黙の状態になってしまうというものだった。本章では筆者自身の経験を振り返る。

1. 出生から幼少期

出生時は帝王切開で母子ともに意識不明で生まれ、体重は1720グラムの未熟児であった。目立った発語は3歳くらいからで、母親から平気で離れて一人どこかへ行ってしまう子だったと聞いている。4歳の時に、目を離したすきに三輪車を漕いで消えてしまい約1キロ離れた場所で警察に保護されるエピソードもあるくらいであった。

幼稚園に通っていた時の状態は、周囲の騒がしい物音に手で耳を抑え教室の隅に行ってしまうような状態で、今思うと聴覚過敏の傾向が当時からあったことが伺える。健康状態は良いとは言えず、通園の半分は熱を出して休んでしまう病弱な面もあった。友人などは作ることができずに、集団の中に入っていけずに独りで過ごしており、幼稚園教諭と職員室で過ごすことが多い、いわゆる孤立児の状態であった。

当時は、話すことができない場面緘黙の症状はなかったが、様々なことに大きく不安を抱えてしまう気質が目立っていたように思える。高野（2017）は、行動抑制やシャイネスが場面緘黙発現のリスクになりえることや不安障害を伴っている可能性を示唆している。シャイネスとは新奇性のある場面における警戒心の高さや、社会的評価を受けると思われる場面において人目を気にする行動を意味する。

確かに当時の筆者は目新しい場面や人への警戒心、時には恐怖心を感じることが多い行動抑制的な面や、周りからの評価を受ける状況に対し、とても気にするシャイネスを持つ面があった。さらに高野は、Steinhausen & Juzi（1996）の100名の場面緘黙児を対象に、併存する言語障害や不安障害、人格特性などについての調査から、シャイネスが85名（85パーセント）であったという結果を紹介している。シャイネスは場面緘黙発症より前に見られることがあったということについてもふれている。筆者の幼稚園時代の様子はシャイネスを抱えた状態であり上記の調査が示唆する、場面緘黙発症リスクの高い状態であったと言えるかもしれない。

2. 小学生時代（発症期）

小学校に入学し3年生までは、自ら話しかけることは滅多にない状態であっ

たが、話しかけられれば言葉を発して応じることができる状態であり、クラスメイトや友人に誘われる形で遊びに参加することができていた。その遊びを今振り返ると、気にかかる点がある。当時は、方向感覚に優れていたことや道路の道順に詳しいことが重宝がられて遊びに参加できていたという感覚が無意識的にあった。そのため、道に詳しくなるために自転車で一人あちこちに出かけては道を覚える。いわば遊びの予習をすることで、周りから求められる人材になろうと努力していた点である。

　自ら遊びに誘うことは不安が大きく難しい。しかし遊びたい。その対策としての遊びの予習であったが、このような周りが期待するであろう知識を予習する傾向は、その後も様々な場面で見られた。主体性を出すことへの不安が上記の受動的態度を作り出していたと分析するのだが、高学年になるにつれて通用しなくなる。例えば、高学年になるにつれて遊びの方法も変わり、特定のグループが出来始めることにより、その中に自ら入っていかねばならない場面が増えてきたことや、授業や学校の係活動などで自ら判断して動かねばならない場面が増えてくるからである。自ら判断して動き出すことへの不安が大きかった筆者は、次第に孤立することやうまくできない経験をすることが多くなってきたのである。学校生活が辛いなと感じ始めたのは小学3年生の終わりのころであった。

　場面緘黙の症状は小学4年生の頃から始まった。クラス替えがあり心機一転の思いで挑んだ4年生の始まり。言葉を発しようとした時に心臓の動悸が激しくなり脂汗が流れるほどの強い緊張や恐怖感に襲われた。そして、言葉を声に出そうとしても出ない症状が現れたのである。また体の緊張も強くなり思うように動けなくなる状態になっていた。

　場面緘黙の発症は、自ら意図してそうなったのではない。いつの間にか、突然生じたのである。それに対し、自分も親も教員もクラスメイトも、皆が戸惑っていたと思う。理由がわからないのである。周りの理解としては、「大橋君は自分から話さないと決めてこうしているのだ」という理解であった。そのため、筆者への関りとして教員から、別室における1対1の発声練習の指導がなされた。指導された理由を自分が話さないから悪いのだと理解した。その結果生じたのは、学校生活の中で話せない動けない場面緘黙の症状による数々の

失敗は、自分が悪いせいだと考える自己批判に満ち溢れた生活だった。また、教員による1対1の発声練習は、教員としての情熱、教育的愛情から発したものであると想像できるが、筆者にとってはさながら拷問であった。不登校のトリガーになったことは否めない。教員には、情熱や愛情に加え、障害の理解を含めた子ども理解の力が求められる。

　当時の筆者は、場面緘黙によって大きく変わってしまった人間関係についてどう考えていたのか。一見すると場面緘黙の症状は人間関係を嫌い、自ら集団から離れていく行為に見える。ほかにも、行動抑制やシャイネス、不安傾向が強いなど対人関係にもマイナス的な点があるように感じられるかもしれない。しかし、当時の筆者は人間関係に入りたい思いを抱えており、そして人間関係に入ることを楽しんでもいたのだ。だが、場面緘黙の症状はそれを困難なものにしていた。この人間関係を楽しみたいのに、それが苦しみになってしまう矛盾について、大井（1982）は、緘黙とは「世界から退却することなく、世界の中に安住する」手段であると述べている。筆者も大井の見解に概ね同意する。その理由を以下に述べる。

　筆者は、場面緘黙の状態とは、社会生活を送るにあたり様々な形での自己表現に大きな不安を抱えるがゆえに、不安への対応として自己表現を避ける。すなわち、声を発して言葉を表現するということを避ける方法を無意識的にとることで、自己表現不安を抱えながらも社会の場面に身を置く行動であると考える。場面緘黙の状態だけを見ると、一見他者とのかかわりを閉ざし、社会から距離を置こうとしているように感じるかもしれない。しかし、そうではないと述べたい。自らの意見など内側を絶対に見せないという無意識的意思を持ちながらも、社会への人への関りをどこかで切望している。このようなある種矛盾した状態もあるのではないだろうか。

　当時の筆者は、話せなくなったことにより学校生活が辛く大変なものになった。授業で意見を求められても、意見がありつつ発表したい気持ちもあるのに何も言えない。作文の時間でも白紙提出。その奥底には意見を言うことへの不安があり、それへの対処だったように思える。それは悔しく悲しい思いだったが、自分の内側を表現する不安からは解放されていたのである。

　一方で、場面緘黙の症状は学校生活を過酷なものへと変えていった。身体の

緊張からトイレに行きたくても行くことができず、給食も食べられない。授業では体育でサッカーもドッチボールも立ったまま。水泳の時間は着替えもできない。自分の席から動けないこともある。音楽の合唱では俯いたまま動けない。このように、授業で出来ないという経験や失敗経験を毎日のように積んでいった。

　中休みなどの時間が休息できる時間になれば良かったのだが、それも叶わなかった。休み時間は自由に過ごしていい時間である。しかし、自由に過ごすということは、自己表現に不安を抱えた筆者のとっては、むしろ辛い。本を読むということも、自分の興味ある本をみんなに見せることになり、そもそも本を読むという態度を表出することに不安を抱えていた。その結果、休み時間は、自分の席から身動きせずに動けない緊張状態がずっと続き、むしろ、疲労を大きくする時間になってしまったのである。

　こうした苦痛の大きい学校生活から、次第に学校へ登校することが出来なくなってきた。朝登校しようとすると腹痛に苛まれ休んでしまう。不登校の始まりであった。それでも小学生の頃は時々通うことができていたが、中学校に入学すると全く登校できない状態になった。当時の思いは、どうして自分はこんなに駄目な人間になってしまったのかというものであった。自分を責め続けるのと同時に解決策も考えた。しかし、このような状態になった理由さえわからないのだから、まさに八方ふさがりの状況であった。

3. 中学生時代

　だが、幸運なことに筆者は学外の支援機関である児童相談所と出会うのである。そのきっかけとなったのは中学校担任教員による母親への情報提供であった。

　児童相談所では場面緘黙への治療的アプローチを受けることができた。結果は、話せるようになったわけでもなく、あまり芳しいものではなかったかもしれない。しかし、原因も見通しも立たない状況で、手立てを講じてくれたことは、なにか方法があるという認識をもつことができ、明るい見通しをもたらしてくれたという点で意義があった。

　当時受けた治療的アプローチは遊戯療法が中心であった。杉山（2000）は、

場面緘黙への手立てとしての遊戯療法について、場面緘黙は言語表現を強いるのではなく、人前で話せないという子どもの苦しみを理解し、話せなくても安心して過ごせる環境を保障していくことが重要であるとし、また、遊びや運動を通して他者と非言語的なコミュニケーションが十分にできるよう援助し、人間関係の中での安定した関りを持てるように促していくことが大切であり、遊戯療法などの非言語的な心理療法が有効であると述べている。

　確かに遊戯療法のアプローチは参加しやすいものであり、筆者にとっては意義深いものであった。筆者が受けたアプローチは、プレイルームで、スタッフとオセロなどをしたり、同じ場面緘黙や不登校状態にある子どもたちの集団でトランプゲームや卓球をしたりすることであった。

　緊張が強い筆者は最初から集団の中に入ることはできず、最初はスタッフとオセロなどをすることから始まった。オセロはルールがシンプルで、やることが決まっているため参加しやすい。これが自由に絵を描くということになると難しい面があったが、やること・求められることがシンプルなものは参加しやすかったのである。後に集団でのトランプゲームにも参加したが、例えば「ババ抜き」などは、やることがシンプルで参加しやすかった。

　卓球への参加は身体が緊張することから難しい面があった。但し、プレイルームで過ごすうちにリラックスすることを覚え、さらにスタッフへの安心感が積み上がり、スタッフが相手であれば卓球もできるようになった。

　これらの遊戯は声を発することなく行われ、楽しむことができるものであった。表現に不安が大きい筆者も、卓球では相手の返しにくいところに球を打つなど、当時としては大変勇気のいる表現的行動もできるようになった。

　このように、遊戯療法は自分を表現することへの不安をやわらげ、できることの広がりをもたらしてくれたのである。例えば、コミュニケーションを取ること自体が恐怖だったのが、トランプゲームで相手の喜ぶ手札を出すことが出来るなど、対人関係を楽しむことができるようになったのである。このような意図的自己表現の表出は、後の場面緘黙克服の基盤になったと考える。

　高嶋（2011）は、場面緘黙児への遊戯療法の意義の一つとして「気づけば声の世界にいること」を挙げている。お互い真剣にゲームに取り組んでいる過程で、セラピストが意図せずして失敗した姿を見て、クライエントが思わず吹き

出して笑ってしまうことは、その一例である。

　筆者にも同様の場面が多々あった。口から息を吹き出すこと自体に恐怖感を抱いていたにもかかわらず、たしかにそれが薄れていったのである。いま思うのは、このような過ごしやすい環境づくりや関り、もしくは治療的アプローチが学校内にあれば、不登校まで至らずに済んだかもしれないということだ。

4. 高校生時代

　児童相談所では関りを持ってくれたスタッフを尊敬できる大人と感じる出会いもあった。尊敬が憧れに変わることで次第に心理カウンセラーを夢見るようになった。このことが中学卒業後の不登校克服の要因となる。心理カウンセラーになるための具体的方法を書籍などで調べた結果、大学で専門的な教育を受ける必要性があることを知り、大学へ入学するためには高校を卒業しなければならないことを知ったのである。

　憧れの児童相談所スタッフのようになりたいという強い気持ちは、高校進学の心理面での支えとなった。また進路先として、いわゆる不登校系の生徒が多く通う通信制高校があり、環境面でも恵まれた。

　場面緘黙という不安を持ちながらの高校生生活はやはり辛いものとなった。

　高校生活を一言で表現するなら〈一匹狼な生活〉である。ほかの高校生と比較することをやめ、友人を作り楽しい青春を送ることを完全にあきらめるという、いわば、あきらめの境地に立つことにしたのだ。これにより、学校生活の辛さが軽減され、精神的な落ち込みを緩和することができた。高卒の資格を得てステップアップするための当時の筆者なりの工夫であった。

5. ひきこもり期

　高校卒業後の進路希望は大学への進学であった。しかし未だ場面緘黙の症状が消えずにいたことや、大学入学の学費の工面の問題もあり、まずはアルバイトで学費を稼ぎつつ場面緘黙克服に向けて努力していこうと考えた。

　しかし、就労の相談窓口で場面緘黙の症状があると、アルバイトも難しいという現実を伝えられ、目の前が真っ暗になってしまった。アルバイトもできないのであれば、何もできないという感覚に襲われ、児童相談所も終了年限に達

していたことから、行き場のない状況になった。

　場面緘黙を抱えながらの就労に関しては、支援できる制度も機関も日本ではまだ少ない状況である。サポートのある就労については近年、障害者枠での就労も広がりを見せつつあるが、場面緘黙当事者はそのような制度も利用できないことが多い。

　梅永（1995）は、全国ハンバーガーチェーン店M社による場面緘黙当事者への職業指導を紹介している。職域開発援助事業として、フィレオフィッシュ製造の仕事を当事者が行う際の指導例であった。仕事の過程で会話が必要となる部分については、手や身振りによるサインなど非言語的コミュニケーションを用いるというものだ。

　このようなサポートを受けられれば、あるいは高校の進路指導などで紹介できる場所があり、つながりをつくることができれば、そのような制度や施設、人がいる社会であれば、当時の筆者は働き場ができて、行き場ができることにより、ひきこもり生活にならずにすんだかもしれない。改めて、場面緘黙の理解とサポート体制の充実を願うばかりである。

　ひきこもり生活は3年ほど続いたが、この期間は精神的に最も辛く、高校まで追求してきた場面緘黙克服への道が停滞してしまった時期である。

　自分の家でひたすら自分を責める日々。そして生きる理由を求め、人から必要とされたくて、パソコンのインターネットを使用し、ネット上の仮想世界で奉仕的な仮想生活を営む毎日。自殺念慮が頭をよぎる生活。先行きが見えない状況は変わることなく続いた。これは、支援機関も支援制度も少なく、おそらく情報も入ってこなかったことによる。

　もし、学校の卒業後支援という形で情報提供などあれば変わったかもしれないとも考えられる。筆者は、学校の役割として、サポーティブな環境つくりもそうだが、情報集約機能や情報提供機能を担うべきではないかとも考える。しかし、教職員がその役割を担うにも限界がある。現在はスクールソーシャルワーカーなどの配置や巡回が広がりを見せつつある。このような専門家の配置を願うばかりである。

Ⅲ．ひきこもりからの脱却と場面緘黙の克服

　場面緘黙を起因としたひきこもり生活からの脱却のきっかけとなったのは病院への通院であった。ストレスの多いひきこもり生活で悩まされたのが激しい腹痛であった。それへの対応のため、以前、通院していた児童精神科を受診した。この通院によって場面緘黙についての知見を有する医師につながり、その病院が立ち上げた作業所へ通うことになった。

　新たな行き場を見つけたことにより、ひきこもり生活からの脱却がなされた。また、場面緘黙の治療に関しては薬物療法も受けた。その方法はSSRIよる抗不安作用を使用しつつ、作業所に通い喫茶業務を主として行うものだ。場面緘黙克服に向けて動き始めた。

　SSRIについてはイギリスなどではフルオキセチン塩酸塩（商品名：プロザック　※日本では無認可）が知られるが、筆者が処方されたのは日本で認可されている（2016年3月時点）フルボキサミン（商品名：デプロメール）であった。

　薬物療法の効果は、感じにくい面もあったが、対人コミュニケーション場面での不安を軽減してくれるという効果があった。

　作業所では自身への自信や自己肯定感などを徐々に取り戻した。作業所へ通い始めて3年目にしてかすれ声の発声を取り戻すことができた。場面緘黙発症から約13年目の出来事であった。

　場面緘黙の克服には、以下に示す5つの要因があった。

　第1に、会話ができないと社会で生きていけないという焦燥感である。一般的な社会生活をするにあたって、就労しなければ生活を成り立たせることができない。だが、就労するにあたっては、会話ができることや身体の緊張をなくし、自由に動けることは必須な能力である。少なくともそのように考えていた。そのため、このままでは将来はホームレス生活になるといった不安感が強まっていた。焦燥感や不安感も場面緘黙克服の原動力となった。

　第2に、話せる自分の姿や友人などと会話を楽しむことなど、人並みに話せることで人生を普通に謳歌したいという憧れである。自由に話せることは当時

の筆者にとってはある種、空想的・ファンタジー的世界の出来事であったが、自由に話したいという憧れもまた、場面緘黙克服の原動力となった。

　第3に、切れ目のない支援があったことだ。筆者は場面緘黙発症から、小学校時代は筆者も母も情報がなく、小学校側からも効果的な関りがなく情報もない時期があった。しかし、中学校で担任教員からの情報提供により状況は大きく変わった。児童相談所という場所は様々な支援制度や機関の情報もあり、場面緘黙支援のできる病院や不登校支援のフリースクールなどにつながった。また、母の懸命な情報収集や支援機関へつなぐ努力もあった。このようなことから、中学校から引きこもり時代まで切れ目のない支援を受けることができた。なぜ切れ目のない支援が重要か。その理由は、どこかで支援が途切れてしまうと再度支援を受ける際に利用へのハードルが高くなる点である。

　たとえば、中学校卒業後、支援のない状態になってしまうと、進学先も見つけられず家にいるだけの空白の期間が出来てしまったかもしれない。いわゆるひきこもり生活のような状態である。そうなってしまうと、1年後、2年後、別の場所に行く際に挑戦する気持ちが萎えている、あるいは、不安が大きくなっているということが考えられる。次の支援機関や進学先を利用することが難しくなるのだ。切れ目のない支援の重要性を強調しておきたい。

　第4に、人と関わる機会が多かったことを挙げたい。場面緘黙の症状は対人コミュニケーションへの恐怖感から自発的に関りを持つことが難しい。しかし人と関わらない生活が学齢期の時期に長期にわたってしまうと、人とのかかわり方や経験、自信などが大きく阻害されてしまう。

　筆者の場合は、遊戯療法などの関りで、スタッフの支援から人とのかかわりに入っていけることや、人から話しかけられること、人の会話を観察して、コミュニケーションの方法を学ぶことができた。対人コミュニケーション能力が阻害されがちな場面緘黙を抱えながらも、様々な対人経験を得られたことが、後の克服につながりやすくなる要因となった。ほかにも、安心感のある環境下で信頼できる大人との出会いや、同じような悩みを持つ同年代の子どもに出会えたことも好影響を与えた。そこでの活動をとおして自己肯定感や自己有用感を養うことができた。このことが場面緘黙克服の土台となった。

　第5に、自分の夢ができたことだ。自分がお世話になった身から、今度は自

分が人の役に立ちたい、恩返しをしたい、そして憧れの児童相談所職員のような心理職に就きたいという夢ができたこと。また、学ぶことが好きであったため、大学へ進学して、これまで読んでいた物語のような、様々な学生や教授といろいろな討論をして学びを深めていきたいなどの夢があった。そして、その夢を持ち続けることができた。

夢を持ち続ける。そのこと自体は時に苦しみを生む要因ともなった。治るかどうかわからない暗い見通しの場面緘黙を抱えた現実と、夢の自分はあまりに乖離していた。それゆえ夢を意識することは自分を責める要因となった。諦めるという方法もあったが、当時の筆者は夢をあきらめることは自殺するしかないという答えと同じことであった。夢を実現できないのであれば自分は生きている価値がないという境地である。自殺するという行動に至らなかったのも、夢に苦しまされながらもそれを諦めることがなかったからである。夢を持つことへの辛さの理解、夢を持ち続けることへの支援、このような夢を持つことへのアプローチも克服のキーワードになるかもしれない。

Ⅳ．大学生活から就労、そして現在

作業所で声を出せるようになってから1年間話す練習をして夢の大学進学を果たす。大学生生活はうまくいったのかというそうはいかず、場面緘黙克服後の後遺症に悩まされる生活となった。

後遺症として生じた問題は、シャイネスや話す経験不足による雑談ができない点。強い自己否定感によりちょっとした出来事で大きく精神的に落ち込む点。様々なことに不安感を大きく感じる点である。また、大学生活で気づかされたのが、自身の発達障害的傾向である。聴覚過敏から騒がしい大学構内にいるだけで疲労してしまう点や、人の顔が皆同じに見えてしまう相貌失認の傾向がある点、一つのことに集中しすぎてしまい、ほかのことを完全に忘れるシングルフォーカスの点、予期せぬ出来事に弱く、想定外の出来事に遭遇するとパニックになってしまう点などだ。

以上の困難に悩んだ筆者は、大学で特別支援教育を教えている教員の研究室に訪問し相談した。そこで教員は筆者の悩みやこれまでの人生の経験を丁寧に

聴いてくれた。それにより、自身の特異とも思える悩みを受け止めてくれたたことへの安心感を得ることができ、さらに自身を客観視して考えられようになり、問題解決力の向上につながった。また、筆者と似たような学生を集めて自助グループ「雑談会」を立ち上げてくれたり、講演の講師として登用してくれたり、筆者自身をエンパワメントしてくれる存在となった。筆者はこの教員に強い尊敬と憧れをもった。この教員は困難多き大学生活を支えてくれる大きな存在であった。

　このような教員との出会いもあり、大学を5年間で卒業することができ、場面緘黙当時では考えもしなかった就労への道も拓くことができた。とはいえ、ここでまた場面緘黙の後遺症と発達障害的傾向が困難として立ちはだかることになった。これらのことに苦しみ、就労生活は続かず退職に至ってしまう。

　現在は、筆者に合ったパートタイムの仕事をしている。加えて、場面緘黙についての講演など、広く理解を得る活動に取り組んでいる。

　場面緘黙は話せるようになったら解決、とはいかない。現在は場面緘黙当事者や克服者の自助グループにも参加している身だが、克服後に悩みを抱える人はやはり多い。克服後のアフターサポートも大切になる。

V．おわりに

　場面緘黙は適切な理解と関りがなければ、長期化やひきこもりなどの社会生活上の困難を引き起こす可能性が高い。しかし、未だに場面緘黙の知見が広がっていないことにより、内気な性格のせいだと考えられたり、時間が解決してくれると捉えたり、適切な関りが講じられないことが多いのではないだろうか。

　学齢期に発症が多い本症状は、学校内で対応することが重要である。学校は様々な手立てを講じることができる場である。小学校や中学校では特別支援学級の活用も考えられる。しかし、高校になると特別支援学級がないなど支援体制整備の課題もある。日本においては、未だに校内研修などで場面緘黙の理解と支援方法を周知する機会をつくることや、学校と病院や他の支援機関の連携体制の構築を推進していかなければならない状況なのかもしれない。今後期待

を寄せるのは、特別支援教育コーディネーターやスクールソーシャルワーカーなどの人材である。

　場面緘黙は当事者にとって、時に自殺に至るほどの困難多き症状である。今後も様々な研究や実践が行われることを切に願うものである。

文献

高野潤野（2017）学校における場面緘黙への対応. 21-24

Steinhausen & Juzi（1996）Elective mutism: an analysis of 100 cases. 606-614

大井正己・藤田隆・田中通・小林泉（1982）青年期の選択制緘黙についての臨床的および精神病理学的研究　精神神経学雑誌　84. 114-133

杉山信作（2000）選択制緘黙の心理療法　子どもの心理臨床　臨床心理学体系 20. 223-240

高嶋雄介（2011）遊戯療法において「全体を捉える視点」を持つことの意義　京都大学大学院教育研究科紀要 57. 32-34

梅永雄二(1995)場面緘黙者に対する職業指導　―非音声言語による表出コミュニケーション指導および視覚的 JIG を使用した作業指導―　職業リハビリテーション 8. 41-48

特　集

性の多様性と学校教育
―LGBTの視点から―

奥村　遼
（東京都立特別支援学校）

　近年、日本国内のみならず、海外においてもLGBTをめぐる諸問題に注目が集まっている。そのうち、学校教育に焦点を当てるとさまざまな困難が浮き彫りとなる。

　1. LGBT当事者を含めたすべての子どもたちが、学校で性の多様性について正しい情報を得ることが難しい現状である。2. 異性愛を前提とする性教育の在り方に違和感を覚えるLGBT当事者が多数存在する。3. 教員養成系大学において、性の多様性について学んだ経験を持つ教員が少ない。

　以上の事実より、LGBT当事者のために以下のようなアプローチが有効であるといえる。

　（1）間接的アプローチ／配慮：①LGBT当事者の自己受容促進、②周囲の人々のLGBTに対する嫌悪感の予防。（2）直接的アプローチ／支援：①カミングアウトに対する傾聴、②いじめの加害者を含めたすべての児童・生徒に対するLGBTについての理解教育、③家族・関係機関等との連携、④カミングアウト後の継続的な寄り添い。

　上記のアプローチを実現するためにも、今後、教員養成を担う大学の講義・演習にはLGBTに関する事項を必須内容として位置付ける必要がある。LGBT当事者を含めたすべての子どもたちのためにも、学校教育における性の多様性について見直されることが期待される。

キーワード

LGBT

学校教育　School Education

当事者　The Concerned Parties

教員養成大学　Teacher Training University

Ⅰ. はじめに

近年、LGBT（レズビアン、ゲイ、バイセクシュアル、トランスジェンダー）と呼ばれるセクシュアルマイノリティの人々の存在に注目が集まり始めている。その動きの背景として、2015年3月に東京都渋谷区議会本会議にて同性カップルを結婚に準ずる関係とし、パートナーとして認める「同性パートナーシップ条例（渋谷区男女平等及び多様性を尊重する社会を推進する条例）」が可決、成立したことや、同じく2015年にアメリカの連邦最高裁判所が同性婚を認める判断をし、これにより事実上全米で同性婚が合法化したことなどが挙げられ、日本国内のみならず、海外においてもLGBTをめぐる状況は現在大きな変化を見せていることがうかがえる。

2015年に電通ダイバーシティ・ラボが約7万人を対象に行った「LGBT調査2015」では、国内人口の約7.6%、およそ13人に1人の割合でLGBT当事者が存在するという結果が得られている。人口に換算すると国内に約960万人存在するこのLGBT当事者であるが、ある種特有のさまざまな困難や葛藤を抱えていることが明らかとなっている。

LGBTをめぐる諸問題のうち、学校教育に焦点を当てると、次のような状況が浮き彫りとなる。

日高ら（2005）によるLGBT当事者を対象とした調査では、学校教育で同性愛について「いっさい習っていない」という回答が78.5%、「同性愛について否定的な情報を得た」という回答が10.7%、「同性愛は異常なもの」という回答が3.9%得られ、約93%の子どもが学校で性の多様性に関する適切な教育を受けていないということが明らかとなった。日高はまた、LGBT当事者が自身のセクシュアリティを自覚する時期が平均して13〜17歳であると述べており、この思春期に当てはまる時期において、性の多様性に関する正しい情報が学校で得られないことは極めて深刻な事態であるといえる。

また、日高（2013）による教員を対象とした調査研究において、性同一性障害の子どもに関わった経験のある教員は約12%、同性愛が約8%であり、さらにLGBTについて授業に取り入れた経験のある教員は約14%であるという数

字が得られている。これらの結果を見ると、LGBTに関する教員の認識の低さや、現在の学校教育におけるLGBTに関する内容の不可視性等の解決は喫緊の課題であることが分かる。

　LGBTをめぐる教員の認識の低さや知識の不足をふまえた上で、教員養成課程の実態を見てみると、さまざまな指摘がなされている。数見（2011）は、教員養成を担う大学において性を豊かに捉えられる資質を培うような性教育がこれまでほとんど行われてこなかった問題性を挙げている。また寺町ら（2010）は教員養成系大学の特徴として、性の多様性を扱うジェンダー関連科目が、専門科目としての家庭科や社会科等の領域に偏っており、教員養成に必要な事項として正当に位置づけられていないことを指摘している。さらに、日高（2013）による教員を対象とした調査研究において、「同性愛について出身養成機関で学んだことがある」と回答した教員が7.5％、「性同一性障害について出身養成機関で学んだことがある」と回答した教員が8.1％であったという結果も得られている。

　2015年に文科省より、「性的マイノリティ」とされる児童生徒も対象として含む学校における支援体制や医療機関との連携等の内容が明記された「性同一性障害に係る児童生徒に対するきめ細やかな対応の実施等について」（通知）が出された。現職教員を対象とした通達であるが、上述のように将来の教員を養成する大学の段階で生じている課題も極めて深刻であろう。学校教育におけるLGBTに対する適切な理解、並びに必要十分な配慮と支援を浸透させ、LGBT当事者も含めたすべての子どもたちの学びの機会の保障のためにも、「LGBTと教育」をめぐる諸問題について考えたい。

Ⅱ．LGBT当事者の声　―学校生活を振り返って―

　奥村・加瀬（2014）は、LGBTの児童・生徒に対して教育現場に求められる配慮及び支援を明らかにすることを目的とし、LGBT当事者に対して半構造化面接による聞き取り調査を行った。聞き取り調査の対象者は、LGBTの4つの代表的なセクシュアリティのいずれかに当てはまると回答した20代の5名で、ゲイ男性2名、バイセクシュアル2名（男女各1名）、FTMのトランスジェン

ダー1名（FTM：身体的性が女性で性自認が男性である場合を指す。）である。それぞれの対象者からは、「自身のセクシュアリティに気づいた時期ときっかけ」、「自身のセクシュアリティにより経験した生活上の困難」、「学校生活において経験した困難」、「カミングアウトや相談相手に関して」、「教育現場に要望すること、あるいはしたかったこと」等という項目に沿って、あらゆる経験が語られた。

1. LGBT当事者のセクシュアリティと生活背景

　LGBT当事者に対する聞き取り調査を通して、性の在り方に関する多様性はLGBTという括りの中でも見られ、セクシュアリティがアイデンティティの一部であるということが確認された。また、対象者5名が自身のセクシュアリティに気づいた時期は思春期に当てはまる小学4年から高校3年生であり、きっかけとして学校生活に関することが多く挙げられたことからも、この時期に学校という場において性の多様性に関する正しい知識を得ることが果たす役割は大きいと考えられる。

　さらに、自身のセクシュアリティの受け入れに関しては、当事者が持つ内的な個人因子よりも、その当事者を取り巻くさまざまな環境因子によって左右され得ることが明らかとなった。具体的には、家族や友人、教員が持つLGBTに対しての姿勢が肯定的か否か、日常生活や学校生活において性の多様性に関する正しい知識が得られていたか、などという要素が挙げられた。なかでも、セクシュアリティに関して同じ境遇を持つピアとの出会いが自身のセクシュアリティの受け入れに大きく貢献していたことは、すべての対象者において見られた。しかし同時に、そのピアとの出会いが対象者全員に共通して学校外において得られたものであったことから、在籍する学校内においてピアを見つけにくいというLGBT当事者が抱える困難の実情も明らかとなった。

2. LGBT当事者が学校生活において経験した困難

　対象者5名からは、同級生から受けたセクシュアリティに関するいじめやからかい、教員による否定的な情報の発信といった、極めて深刻な問題となり得る性をめぐるさまざまな経験が語られた。とりわけ前者は直接的に、後者は間

接的にセクシュアリティの在り方を否定されることへとつながり、いずれも
LGBT当事者の自己肯定感を傷つけ得るものであろう。さらには、それが
LGBT当事者の中に多かれ少なかれ潜在し得る同性愛嫌悪の感情を増幅するこ
とへとつながる危険性も大いに考えられる。

　また、奥村・加瀬（2014）による性別違和を持つトランスジェンダーの対象
者への聞き取り調査から、トイレや制服、宿泊を伴う移動教室など男女を明白
に分ける場面において、その都度困惑したという語りが得られ、トランスジェ
ンダー特有の困難も明らかとなった。トランスジェンダーのみに留まらず、他
の対象者への聞き取り調査においても、それぞれのセクシュアリティにより生
じる困難の実情はさまざまであることが垣間見えた。

　さらに、対象者5名全員共通して、異性愛前提である現行の性教育の在り方
に対して、自身のセクシュアリティを自覚した当時から違和感を抱えていたこ
とも明らかとなった。性教育以外の場においても、教員の持つ強い同性愛嫌悪
の姿勢により日常的に不当な扱いを受けた経験のある対象者もいれば、逆に
LGBTに関する肯定的な情報を人権教育の授業の中で得ていた対象者もおり、
学校という環境因子の違いにより性をめぐる情報の受け方もさまざまであっ
た。

3. LGBT当事者のカミングアウトや相談相手

　自身のセクシュアリティをカミングアウトした相手として、対象者5名全員
から友人という人物が挙げられ、そのうち家族へのカミングアウトの経験のあ
る対象者は3名であった。しかし、教員へのカミングアウトの経験のある対象
者は1名のみであり、残りの4名からは「教員はそもそもカミングアウトを企
図する対象ですらなかった」という回答が得られた。この問題には、教員が性
の多様性に関して正しい知識を持っている存在として期待されていなかったこ
と、また実際にLGBTに関する否定的な情報を教員が発信している姿を目の当
たりにしていた経験などが関係していると考えられる。

4. LGBT当事者による教育現場への要望

　奥村・加瀬（2014）による聞き取り調査では、対象者5名からの教育現場へ

の要望として性の多様性を正しく児童・生徒に伝えられる教員の存在を望む声が多く挙げられ、セクシュアリティをめぐる肯定的な情報を学校という場において得るという経験の重要性を読み取ることができた。また、LGBT当事者である教員の存在も要望として挙げられており、学校内での身近な大人としてのロールモデルとなり得る教員を求める姿勢もうかがえた。

とりわけ、トランスジェンダーの対象者から、学校生活において性別違和によるさまざまな困難を抱えていたこともあり、トイレの利用や移動教室での入浴などの際に個別の配慮や対応を受けられるよう教員が考慮することを望んでいた。

また、性教育の項目のひとつとしてLGBTに関する情報を取り入れる要望や、学校内に性の悩みを相談できる窓口を設置する要望なども挙げられ、セクシュアリティに関する教員あるいは学校全体の認識を改めて見直す必要性を垣間見ることができた。

Ⅲ. 教員養成系大学生の実態 —LGBTをめぐって—

奥村・加瀬（2015）は、教員養成系大学生が有するLGBTの知識・理解・学習経験の実態や傾向を明らかにすることを目的とし、質問紙によるアンケート調査を実施した。対象としたのは、教員養成系T大学に在籍する学部4年生147名（社会科専攻9名、家庭科専攻20名、保健体育専攻39名、特別支援教育専攻43名、養護教育専攻10名、社会福祉専攻10名、カウンセリング専攻16名）である。調査項目は、LGBTに関する知識や理解及び態度の程度、大学におけるLGBTに関する項目の学習経験の実態等であり、回収されたアンケート全体の結果をもとに、傾向分析を行った。

アンケート調査で得た結果のうち、大学におけるLGBTに関する学習機会の実態に注目すると、大学で受けた授業の中でLGBTについてふれた経験があると回答した学生は全体の33%という、決して高くはない割合となった。そのLGBTについてふれた授業の内訳を見ると、必修として位置付けられていない「選択科目」が70%であった。一方で、LGBTについて学ぶ意義に対する質問の回答を見ると、教育に携わる上で大学においてLGBTに関する正しい知識を

身に付ける必要性を感じている学生は95％と非常に高い割合となり、LGBTに関する学習の機会をめぐって「学生側のニーズ」と「大学側の整備」の間に乖離が生じている現状がうかがえた。この結果を考慮した上でも、今後は教員養成を担う大学の講義・演習等にはLGBTに関する事項を必須内容として位置付けることは急務であるともいえる。

　そのためにも、そうした講義・演習等の実施・蓄積・共有を進めながら（神村 2015）、LGBTに関する項目をどのような区分あるいは分野の授業において導入するかを検討する必要がある。奥村・加瀬（2015）によるアンケート調査において、LGBTについてふれた授業の多くは「選択科目」という区分であったが、今後「必修」として位置付けられた授業の中でLGBTについて取り扱われることになれば、将来教育に携わるあらゆる学生がLGBTに関する正しい情報に積極的かつ能動的にふれる経験をもつことができるはずである。また、「教員としてLGBTについて正しく取り扱う自信はあるか」という問いに対し、69％と最も高い割合となったのは「あまり自信がない」という回答であり、教育現場においてLGBTについて取り扱う意義を感じていながらも、実際の場面を想定した際に不安を抱える学生が多く存在することが示唆されたのだが、上記で述べた経験を養成段階で経ることにより、そのような不安を軽減させることや、実際の教育現場においてLGBT当事者の児童・生徒に気づきやすくするなることにつながる可能性があるといえる。さらには、本アンケート調査にて少数ではあるが存在した、LGBTに関する項目を養成段階で学ぶ必要はないと感じる学生の意識を変えていく契機にもなることも期待できるのではないだろうか。

Ⅳ．LGBTの子どもたちに向けた「配慮」と「支援」

1．間接的アプローチ「配慮」

　ここで述べるLGBT当事者への間接的アプローチ「配慮」とは、自分の担任する、あるいは日頃関わる児童・生徒の中にいる見えない当事者、つまりまだカミングアウトの前段階にいるLGBT当事者の児童・生徒に向けた対応を意味する。具体的には、学級経営や授業方法に関すること、教員自身の示す姿勢な

どを示す。

　奥村・加瀬（2014）における聞き取り調査による対象者からの意見としても多数挙げられていたが、まず性の多様性に関する肯定的な情報を教員が積極的に発信していくことが求められ、それには以下に示す大きな2つの意味があると考える。

　1つ目は、まだ自身の性の在り方をはっきりと自覚できていない、あるいはそれに否定的な感情を抱いているLGBT当事者の児童・生徒のセクシュアリティの受け入れを促すことである。奥村・加瀬（2014）による聞き取り調査において、LGBT当事者における自身のセクシュアリティの受け入れに大きく貢献していたのは、ピアとの出会いや他者からの寛容的な受容であったことが明らかとなった。しかし、ほとんどの場合ピアとの出会いが学校外であり、高校を卒業して活動範囲が広がってからであったように、セクシュアリティを自覚してからかなりの時間を経てようやく成し得るものであること、さらに他者から寛容的な受容を受けるためには、まずカミングアウトを果たすというひとつの大きなハードルを越えなければならないことも事実であり、少なくとも小学校から高校までの在学期間は、自身のセクシュアリティの受け入れの支えとなるものを見つけられないLGBT当事者は少なくないと考えられる。そのため、学校という場において性の多様性に関する肯定的な情報を得ることができれば、それが当事者にとって支えとなり、自身のセクシュアリティの受け入れを促し、さらには自己肯定感の回復へとつながることも期待される。

　そして2つ目は、LGBT当事者以外の異性愛者、つまり当事者から見れば環境因子にあたるクラスメイトの児童・生徒が同性愛嫌悪の姿勢を持つのを防ぐことである。メディアが与える性に関する情報には決して望ましくないものも多く含まれており、とりわけLGBTに関する情報はそれを笑いの対象にするような否定的なものが少なくない。メディアによるものだけではなく、LGBTに関する否定的な情報は、同級生によるホモネタでのからかいを目の当たりにするような経験によっても得られ、そのような情報を日常の中で何気なく耳にするうちに、子どもたちの中には無意識のうちに同性愛嫌悪の姿勢が内在化していくと考えられる。そしてその同性愛嫌悪の姿勢は、周囲にいるLGBT当事者を間接的に傷つけるような言動や、いじめなどの直接的な行動となって表れる

恐れもある。それを防ぐためにも、日頃から性の多様性に関する肯定的な情報を教員から積極的に発信し、同性愛嫌悪の姿勢を子どもたちの中に植え付けないように十分留意する必要があるといえよう。

　そのような性の多様性に関する正しい情報を発信していく機会は、性教育の場のみに留まらず、あらゆる場面において可能である。確かに、現行の性教育の異性愛前提の記述に「なかには同性や両性を好きになる人もいるし、それは当たり前のことである」という脚注的な発言を加えることは、最も有効でありかつ取り組みやすいものであるといえる。しかし、性教育の場以外でも、セクシュアリティについてふれる機会は多く存在する。具体的には、家庭科における家族の在り方の単元では、同性をパートナーとして家庭を築くパターンも存在することを授業の中で紹介したり、国語で恋愛小説を扱っていればその際に同性どうしの恋愛の在り方についてふれることもできたりと、その可能性の幅は広い。聞き取り調査の結果のひとつに「性を特別視しないでほしい」という要望が挙がったが（奥村・加瀬，2014）、LGBTの存在を大々的に取り上げ、それが特別であるかのように伝えるよりも、日常の何気ないところでふれて理解を促すような取り組みのほうが効果的であると考える。

　さらには、教員自身が口頭で発信する情報だけでなく、書籍などの可視的な情報も有効であろう。具体的には、LGBT関連の書籍を学級文庫として置くような取り組みが挙げられ、それによりLGBTに関する肯定的な情報へのアクセスが当事者の子どもと異性愛の子ども両者にとって容易なものとなることが考えられる。

　そして何よりも、教員に求められるのは傾聴の姿勢であろう。日頃から児童・生徒の話に熱心に耳を傾け、相談に正面から向き合う姿勢を持つ教員への信頼は、どの子どもにおいても大きいといえる。そのような肯定的な姿勢を教員が持ち、示していくこともまたLGBT当事者への配慮のひとつにつながると考えられる。

　以上で述べたさまざまなアプローチが可能になれば、LGBT当事者にとって教員がカミングアウトの対象となり、彼らの支援者の一員となり得るのではないだろうか。そこで、次項ではカミングアウトをLGBT当事者である児童・生徒から受けた教員が行うべき対応としての直接的アプローチ「支援」について

考察する。

2. 直接的アプローチ「支援」

　ここで述べる直接的アプローチ「支援」とは、自分の担任する、あるいは日頃関わる児童・生徒からカミングアウトを受けた際の対応を意味する。ここにおいて重要となるのは、その当事者がなぜカミングアウトしてきたのか、ということにまず着眼することである。

　聞き取り調査の結果に表れていたカミングアウトの理由の多くは、「相手とより親密な関係を築きたい」といったような親近型の要因に基づくものであったが、なかにはトランスジェンダー当事者のように日常におけるさまざまな場面で困難を抱えているケースや、さらにはいじめや差別を受けていて助けを求めていることを理由とする危機的なカミングアウトが存在することも懸念される。したがって、まずはカミングアウトをしてきた当事者の話に最後までしっかりと耳を傾け、その上でカミングアウトの理由や抱えている困難あるいは要望を明らかにすることが必要となり、それから当事者とともに解決のための最良の手段を考え、柔軟な対応を取ることが求められる。

　とりわけ、トランスジェンダー当事者が抱える性別違和による困難の場合は、男女兼用トイレの利用や、制服の着用を強制せずに適宜ジャージ等で過ごすことなど、その教員1人の判断では許可しかねることもあるため、管理職や学年担当教員との相談及び連携も必要となることが考えられる。また、いじめを受けている場合には、それが起因して不登校や自殺企図へとつながる恐れも十分に考えられるため、迅速な解決が求められるであろう。このセクシュアリティをめぐるいじめに関しては、もちろんいじめを受けた当事者へのケアを十分に行うことが必須であるが、いじめの加害者となった児童・生徒へのケアも必要になることが考えられる。つまり、いじめの加害者の中に内在するセクシュアリティのとらえ方を正すことが求められるのであり、それが果たされなければその後も同じようないじめを繰り返すことへとつながるだけでなく、性の多様性への理解を促す大きな妨げとなることも懸念される。このような場合には、学級経営の在り方を見直し、学級全体で一度セクシュアリティの在り方や人権問題について十分に扱う取り組みも必要となるであろう。

また、児童・生徒からカミングアウトを受けた際には、保護者や他機関との連携が必要になる場合もある。奥村・加瀬（2014）による聞き取り調査からは家族へのカミングアウトに抵抗を示す意見が得られたことからも、カミングアウトをした当事者が望まない限りは、保護者へそれを伝えることは避けるべきであるが、そのカミングアウトが前述した危機的要因に基づくものである場合には、保護者との連携を図ることも視野に入れるべきであろう。また、性別違和を抱えるトランスジェンダー当事者の場合には、必要に応じて医療機関へとつなげることにより、性別違和の軽減及び解消を図ることも求められるといえる。さらには、カミングアウトをした当事者が自身のセクシュアリティを肯定的に受け入れられるようになることを促進するためにも、ピアとの出会いの場を保証する取り組みを行うLGBT当事者団体や相談事業を請け負う機関などを紹介するような対応も効果的であると考えられる。より望ましいのは、成人したLGBT当事者とつなげてロールモデルを示すことであるが、そのためにもLGBT理解啓発活動を行っている団体等が主催するセミナーに参加するなど、LGBT当事者との関わりを積極的に持つような姿勢が教員に求められるといえる。

　そして何よりも重要なのは、カミングアウトを受けた後も身近な相談相手として寄り添い続ける姿勢を示すことであろう。小学生から高校生という期間においては、関わりを持つ主要なコミュニティが家庭と学校に限定されやすい。家族へのカミングアウトに抵抗を持つLGBT当事者が多数を占めることを考慮し、やはり学校という場に1人でも頼ることができて理解のある大人の存在は重要となるはずであり、その役割を教員は担うべきであろう。

Ⅴ．おわりに

　LGBTの子どもたちに向けた「配慮」と「支援」、いずれも共通して基盤となるのは、性の多様性に関して教員が正しい認識を持つことであるといえる。その促進のためにも、教員養成課程においてLGBTについて学ぶことの必修化、教員研修等の場で性の多様性について学ぶ機会を設けるといった教員への支援体制の構築が急務であると考えられる。また、大学においてLGBTについ

て取り扱う場合についていえば、授業という場に限る必要はない。たとえば、学内で行われる講演会等の場にてLGBTに関する項目を取り入れ、そこに当事者を招くことでロールモデルを示したり、学内の刊行誌にLGBTに関する記事を掲載したりと、さまざまな方法が挙げられる。

　いずれにせよ、将来教育に携わる上で児童・生徒に正しい情報を発信し、性の多様性を適切に伝えるためにも、教員養成課程に学ぶ学生にはLGBTに関する十分な知識を身に付けることや、実際の教育現場におけるLGBTに関する項目の取り扱い方あるいは当事者の児童・生徒からカミングアウトを受けた際の適切な対応や配慮、支援方法等について学んでおくことが求められよう。合わせて、当事者がピアと出会うための場の提供や現行の性教育の見直し等といった課題の解決方法も今後模索していく必要があるだろう。

　「すべての子どもたち」の学びの機会の保障のためにも、教育現場における「性」の扱われ方が見直されていくことを期待したい。

文献

奥村遼・加瀬進（2016）：セクシュアルマイノリティに対する配慮及び支援に関する研究：学校教育現場に対する当事者のクレームを手がかりに，東京学芸大学紀要　総合教育科学系Ⅱ　第67集，11-19.

奥村遼・加瀬進（2017）：教員養成系大学生が有するLGBTの知識・理解・学習経験に関する調査研究：T大学におけるアンケート調査を手がかりに，東京学芸大学紀要　総合教育科学系Ⅱ　第68集，1-10.

日高庸晴（2005）：REACH Online 2005　http://www.gay-report.jp/2005/result02.html

日高庸晴（2013）：個別施策層のインターネットによるモニタリング調査と教育・検査・臨床現場における予防・支援に関する研究　http://www.health-issue.jp/f/

加藤慶・渡辺大輔（2012）：セクシュアルマイノリティをめぐる学校教育と支援，『増補版〜エンパワメントにつながるネットワークの構築にむけて〜』開成出版.

薬師実芳・笹原千奈未・古堂達也・小川奈津己（2014）：『LGBTってなんだろう？からだの性・こころの性・好きになる性』合同出版.

電通コーポレート・コミュニケーション局広報部（2015）電通ダイバーシティ・ラボが「LGBT調査2015」を実施－LGBT市場規模を約5.9兆円と算出，dentsu NEWS RELEASE, 2015年4月23日

数見隆生（2011）：若者の性行動活発化と教員養成教育の必要性〜日中の教員養成大学生の比較調査から〜，セクシュアリティ（49），42-49，エイデル研究所.

寺町晋哉（2012）：教員養成課程におけるジェンダーの視点導入の課題　学生の履修

状況と「ジェンダーと教育」に対する認識から，大阪大学教育学年報 17，59-72.

神村早織（2015）：教員養成系大学におけるジェンダーと教育に関する科目としての
試み─「ジェンダーとセクシュアリティ」の授業から，教育実践研究 No. 9. 21-28,
大阪教育大学教職教育研究センター.

特　集

日本語学習と夜間中学校
―歴史と現状、国の動向を踏まえて―

関本 保孝
（基礎教育保障学会事務局長・元夜間中学校教員）

　夜間中学は戦後の歴史の中で様々な社会的弱者を受け入れてきたが、国等の十分な支援を得てこなかった。しかし、長年、全国夜間中学校研究会や自主夜間中学校関係者がねばり強く国に働きかけてきた。ここ数年来は、超党派の国会議員が夜間中学校に関する要望を受けとめて、2014年に「夜間中学等義務教育拡充議員連盟」を結成し、夜間中学校の現場を視察し関係者の声を踏まえて、2016年12月に「義務教育機会確保法」を成立させた。このような推移を踏まえ、文部科学省も「全都道府県に最低1校の夜間中学開設」や既存の夜間中学充実等の施策を打ち出し、全国への夜間中学校増設・教育条件改善の大きな足がかりとなった。現在、夜間中学校には多様な義務教育未修了者が学んでおり、日本が多文化共生社会に進む上での様々な要素を内包している。

キーワード

夜間中学校　Night Junior High School

義務教育未修了者　People Who Have Not Completed Compulsory Education

全国夜間中学校研究会　the Japanese Association for the Study on Night Junior High School

義務教育機会確保法　Act to Guarantee Access to Supplementary Learning

Ⅰ. 夜間中学校の歴史

1. 1950年前後の夜間中学校発足

夜間中学は大阪と神奈川で1947年にスタートしたことに始まる。1950年に東京・足立区中学校校長会では「不就学実態調査」を行い足立区内中学校全在籍生徒約1万8000名の内、7%にあたる約1200名もの多数の生徒が不就学であることを明らかにした。当時、子どもたちの中には、仕事で家計を支えたり、「履物や雨天時の傘がない」「弁当を持参できない」等の理由で学校へ行けない者が多数いた。足立区立第四中学校の伊藤泰治校長は、全国教育長・指導主事講習会で福島県の中学で貧困のため就学を放棄し千葉県で就職した子どもの問題を聞き、現状ではこの問題の抜本的解決が不可能であり、暫定的な手段として「戦前の尋常夜学校」のようなものでの「解決」を決意した。そして、「中学校二部」として設置するよう、足立区教育委員会、東京都教育委員会、文部省に強力に働きかけた。当時、文部省は「学校教育法で認められていない」「労働基準法に違反に通ずる」等の理由で反対したが、伊藤校長は一つ一つ根拠を示し、1951（昭和26）年7月5日、足立区教育委員会及び東京都教育委員会より「試験的二部学級開設」の認可を受け、スタートした。

2. 1950年代〜1960年代：夜間中学数89校に増加、十代及び一部成人生徒

1950年代前半には全国13都府県で次々に夜間中学校が開設され、1954年及び翌年は89校と現在までを含め、最高数を数えた（東京8校、神奈川12校、愛知2校、京都14校、奈良5校、和歌山8校、三重1校、大阪7校、兵庫20校、岡山1校、広島3校、鳥取1校、福岡7校〈1954年〉）。1960年代までは多くは学齢生徒（12〜15歳）や10代後半の生徒が入学し昼、仕事をして家計を支えながら夜に通学していた（一部成人生徒も在籍）。

3. 1960年代末〜：帰国者生徒の増加と生徒の多様化

1965年には、日韓基本条約が締結され、かつて日本の植民地時代に朝鮮半島に住んでいた日本人やその家族が、日本へ引揚げて来るようになった。しか

し、韓国引揚者が学ぶ日本語学習機関はなく、「救急学校」として、都内の夜間中学等で受け入れを始めた。しかし、日本語のできない韓国引揚者は他の日本人生徒と同じ教室で学ぶしかなく、大きな困難を抱えていた。そこで、荒川九中卒業生髙野雅夫さんや夜間中学関係者が都議会に「夜間中学における引揚者の日本語学級開設及専任教師配当に関する請願－引揚者センター建設に向けての暫定的措置に対して－」を提出し採択され、1971年6月1日に足立四中・墨田区曳舟中（現・文花中）・江戸川区小松川二中に日本語学級が設置された。1972年には日中国交正常化により中国からの引揚者の日本への帰国が始まり、1970年代後半より激増した。

　1975年のベトナム戦争終結後からはインドシナ難民が来日し、1980年頃より日本語教育や義務教育の場として夜間中学に入学してきた。

　1970年代以降になると、戦争や貧困のためかつて学ぶ機会が得られなかった成人や中高年日本人、在日韓国・朝鮮人、元不登校・ひきこもりの若者も入学するようになった。

4. 2000年前後以降

　2000年前後以降は、仕事や国際結婚等で来日した外国人やその家族等が急激に増え、アジア・アフリカからの難民や脱北者等も入学してきた。また、無戸籍・居所不明の若者の入学もある。

　このように夜間中学は時代の鏡のように、社会的弱者である義務教育未修了者のかけがえのない学びの場として大きな役割を果たしてきたのである。

Ⅱ. 義務教育未修了者の現状

1. 義務教育未修了者の叫び―不便・苦痛そして人間の尊厳さえ奪われて

　発展途上国では何割もの非識字者がいる国もあり、代筆業という職業さえある。一方、日本はその割合が1％前後であると推測され、それ故、義務教育未修了者の方々はそれを隠し社会の片隅でひっそりと生活している。その証言を一部紹介する。

・「役所では手に包帯を巻き怪我をしているので代わりに書いて欲しいと言っ

た」
・「子どもの学校で話題に入れず発言できない。病院で受診する科がわからない。買い物でも割引が計算できない。字が読めず駅で切符が買えない」
・「文字の読み書きが必要ない仕事しかできない」
・「届いた手紙が読めないので捨てており自分は人間として生きる価値がないと感じていた」
・「選挙でも主張がわからず、ただ名前を書いているだけ」「結婚後、中学を卒業していないことを　理由に離婚を言い渡された」
・「障がいのため学校へ行けず文字も読めず、現在二重の苦しみを背負っている」
・「中国から日本の東北地方に来て母親が日本人男性と結婚したが、帯同した子どもが町の教育委員会から学齢超過を理由に昼の中学校入学を断られ県内に夜間中学もないことから、母子で上京し、東京の夜間中学に入学し高校進学をめざした」等々。

　義務教育未修了者の方々は、高学歴社会日本の中で大変な不便と苦痛を感じ、人間としての尊厳まで奪われている。幸福追求権・表現の自由・職業選択の自由・参政権等々の基本的人権が実質的に保障されるためには、真に学習権を保障することこそ大前提である。

2. 夜間中学校の圧倒的少なさ

　上記（1）のような現状があり、多くの義務教育未修了者が学びの場を切実に求めているにもかかわらず、夜間中学校は全国8都府県に31校しかない。2017年現在、東京8校、千葉1校、神奈川2校、京都1校、大阪11校、奈良3校、兵庫3校、広島2校に限られ、それ以外の39道県には1校もない。

　そのため、夜間中学入学を目的に遠方より家族で転居したり、他県から片道2時間以上かけて越境通学する方もいる。しかし、圧倒的多くの義務教育未修了者にとっては、それもかなわない。

3. 夜間中学の多様な生徒

「第63回全国夜間中学校研究大会・大会資料」掲載の2017年9月全国夜間中学校研究会調査（30校分）には、以下のような生徒の実態が示されている（生徒総数：1826人）。

①生徒層別人数

A) 新渡日外国人（仕事や国際結婚等で戦後来日した外国人と家族等）
 1265人（69.3%）

B) 日本人　313人（17.1%）

C) 中国等からの帰国者　181人（9.9%）

D) 在日韓国・朝鮮人　63人（3.4%）

E) 難民　3人（0.2%）

F) 日系移民　1人（0.1%）

②生徒の出身の国籍・地域：33。アジアを中心に世界全体に広がり多国籍化が進んでいる。

③年代別人数：10代358名、20代342名、30代247名、40代231名、50代182名、60代200名、70代190名、80代以上76名。生徒は各年齢層に広がっており、若者から中高年まで幅広いニーズがあることがわかる。

④性別生徒数：男子636名（34.8%）女子1190名（65.2%）

毎年、女性の生徒が男性の2倍となっており、女性への教育機会提供が現在に至るまで十分保障されていないことの反映だと推測される。

4. 夜間中学生のニーズ

神戸大学大学院教授・浅野慎一氏が2011年7月～10月に、かつてないアンケート大規模調査を実施し、報告書を出しているので、これを紹介したい（浅野慎一（2012）「ミネルヴァの梟たち―夜間中学生の生活と人間発達」）。本アンケート調査で全国の夜間中学生・1150名からの回答を踏まえて、夜間中学生の生活と意識が明らかにされている（同書「第2節　夜間中学が直面する課題」より）。

第1は「夜間中学があることをもっと多くの人に知らせて欲しい」（44.5%）。

第2は「中学を卒業した人も入学させてあげてほしい」（22.4%）。

第3は「奨学金・就学援助金がほしい」（29.9％）。

以上の他にも、「在学延長（もっと長く在学できるようにしてほしい）」「給食（給食がほしい）」「日本語学級（日本語だけを特別に教えるクラスを作ってほしい）」等もかなり重要な希望として記されている。

Ⅲ．教育から疎外される若者たち

1．不登校からひきこもりになった若者

内閣府は2015年12月に実施した「ひきこもりに関する実態調査」の結果について発表した（2016年9月7日）。この中で15歳〜39歳のうち、ひきこもりの人は全国でおよそ54万1000人いることが明らかになった。以下、概要を紹介する（「日本経済新聞」2016年8月7日付参照）。

この調査では、ひきこもりになった年齢は「14歳以下」12.2％（2010年調査8.5％）、「15〜19歳」30.6％（2010年調査25.4％）と、いずれも増加し、10代だけで42.8％（2010年調査33.9％）となっている。「20〜24歳」が34.7％と前回調査より約13ポイント上昇し、「35〜39歳」も10.2％と割合が倍増しており、「高年齢化」の実態も浮かび上がった。

ひきこもりの期間は「7年以上」が34.7％と最多となった。これは前回調査（16.9％）の2倍強で、長期化を示している。ひきこもりの理由は「不登校」や「職場になじめなかった」などが多かった。

就労経験を尋ねると、最も多かったのが契約社員や派遣社員などの非正規雇用で35.1％。正社員は27％だった。働いた経験がない人は27％で、背景に不安定な就労があることもうかがえる。この調査では初めて、過去のひきこもり経験も調査した。その結果、全体の約5％に過去のひきこもり経験があった。ひきこもりから抜け出したきっかけには「フリースクールに通った」「アルバイトを始め、社会と関わりを持った」「同じような経験をしている人と会った」などが挙げられ、支援や人的交流の重要性が裏付けられている。

2．無戸籍・居所不明の若者

1990年代以降の離婚率の増加やDV・家族間暴力等も関連して、あらたな社

会的貧困が生み出されている。無戸籍や居所不明の若者の増加である。

朝日新聞は2014年に無戸籍の若者の問題を大きく報道した（2014年7月8日、9月5日・6日）。この中で何名かの無戸籍の若者について、父親のDV・離婚・事実婚と出生届の未提出、父親との車上生活と父親の失踪等が紹介されている。また、ある県の窃盗で捕まった若者のケースは債権者に居場所を知られたくないため、両親が出生届を出さず無戸籍であった。そのため、小学校にも通学せず、家族以外の社会とはほとんど関わりがなく、閉鎖的な生活を送っていたという。また、東京の夜間中学教師は2009年〜2013年に都内5校の夜間中学に16〜30歳の無戸籍男女9名が入学したと話している。出生届を出せず戸籍がないため、就学通知が来ないので小学校にも通わない。また、就職・結婚・パスポート発行等々、本人の前には大きな壁がある。

また、親の収入が少なく居所が定まらず、「居所不明」となった若者の夜間中学入学も近年増加しつつある。

3. 公教育にアクセスできない、外国につながる若者

2016年6月13日に文部科学省が発表した「『日本語指導が必要な児童生徒の受け入れ状況等に関する調査（平成28年度）』の結果について」では、依然として日本語指導の指導体勢が未整備な状況が明らかになっている（以下は小学校・中学校・高等学校・義務教育学校・中等教育学校・特別支援学校データの総数である）。

「日本語指導が必要な児童生徒」43,947人（外国籍34,335人・日本国籍9,612人）の内、「日本語の指導を受けていない児童生徒」が10,400人（外国籍7,925人、日本国籍2,475人）であり、これは「日本語指導を必要とする児童生徒」の23.7％にものぼる。

このように、日本全国の学校において日本語指導の体勢が十分ではないため、学校に適応できず不登校になるケースの一部は夜間中学に入学している。

また、学齢超過のため昼の中学校への編入学を断られ、夜間中学への入学を希望する者も後をたたない。中には、学齢超過を理由に定着先の東北地方で昼の中学への入学を断られたが夜間中学もないため、国際再婚した夫と離れて上京し子どもを夜間中学に入学させた親子のケースもある。

前述のように、1970年代後半からはインドシナ難民が、1990年代以降はア
ジア・アフリカからの多様な難民が来日し、難民認定や難民行政が不十分な
中、日本語や基礎教育の習得を求め、夜間中学に入学している。また、北朝鮮
からの脱北者が主に1990年代以降、来日し、学齢超過者の学びの場として夜
間中学に入学してきている。

　日本全体ではこの間、高校等進学率が90%台後半を推移し、2017年3月卒業
生では98.8%となっているのに対し、外国籍生徒の高校進学率はかなり低いと
推測される。2017年度の外国人児童生徒数（国立・公立・私立在籍者の合計）
を見ると、中学校と高校の外国人生徒数の差が目立つ（小学校54,268人、中学
校22,733人、高等学校14,540人）。中学校も高校も基本は3年間であるが、高
校の外国人生徒数は中学校の64.0%にとどまる。もちろん中学校卒業後に民族
学校やインターナショナルスクールに進学した場合はこの数字に入っていない
点や、2017年5月1日の同時点でのデータであり中学校卒業者の「追跡的調査」
ではない点等も考慮しなければならない。しかし、様々な外国人生徒に関する
報告等も考慮すると、外国人生徒の高校進学率は6割前後と推測することも可
能ではないかと思われる。

Ⅳ．夜間中学での取り組み

　筆者が2014年3月まで勤務した墨田区立文花中学夜間学級では、10代から
70代まで60名以上の生徒が、普通学級5クラス、日本語学級5クラスで勉強し
ていた。

　普通学級には、かつて「貧しくて学校へ行けなかった」等の理由で学校へ通
学できなかった中高年生徒もいた。中には小学校の勉強が十分できなかったた
め、「ひらがな」や簡単な計算から学習を始める生徒もいた。

　日本語学級では日本語習得が不十分な外国人等が日本語の授業を中心に学習
する。普通学級では、9教科を学習するが、日本語力が十分でない生徒のた
め、国語の時間が多いクラスもある。

　筆者は、夜間中学校の日本語学級で、約36年にわたり、外国人や中国帰国
者に日本語を教えてきた。自主教材も作り、文法・文字・作文・会話など、生

徒の状況を踏まえた指導をした。

　非漢字圏の生徒のハンディは大きく、進学先の高校を退学する者もいること
から、始業前や夏休み等を利用し漢字等の補習も行った。スピーチ大会、移動
教室、文化祭等もあり、生徒の日本語の発表力を高める上で大いに役立った。

　文花中学校では昼間部との交流も実施した。「昼の1年生」との交流では多
言語でのあいさつや文化紹介も行い、体験発表では「学童疎開で勉強できなか
った。今勉強が本当に楽しい」「半年前に来日入学。楽しく日本語を勉強し
ている」等の体験発表も行った。これを聞いた「昼の1年生」からは「今自分
が勉強できるのは幸せなことなんだ」「半年であんなに日本語が上手になるな
んて素晴らしい。自分も英語の勉強をがんばりたい」等の反響があり、発表し
た生徒の励みにもなっている。「昼の2年生」は、夜間の希望するクラスの授
業に入り、交流を深めた。

　文化祭では各国の文化紹介や本場の料理を販売した。また、地域の関係者の
協力で太鼓クラブや浴衣の着付け、日本の踊りなど日本文化に触れる機会もつ
くってきた。

　給食は、米飯中心の充実した献立で、生徒・先生がみんな集まり、いっしょ
に和気あいあいと食べる。大家族のような夜間中学の雰囲気を象徴する光景で
ある。東京には、8校の夜間中学校があるが、全てに7名の専任教員が配置さ
れ、また5校には東京都独自に日本語学級も設置され、それに対応した日本語
専任教員も配置されている。その結果、数名から10名程の生徒によるクラス
編成ときめ細かな指導が可能となっている。

　不登校・ひきこもりを経験した後、夜間中学に入学し多様な年齢・出身国の
生徒と交流して自分を取り戻し、大学卒業後に社会人として活躍する若者、夜
間中学卒業後、中華料理店そして日本語学校を経営し地域社会に貢献している
中国帰国者、高齢で入学後、定時制高校・大学に進学した人等々、学びの場を
求める人々のかけがえのない学びの場となっている。

V．就学援助受給拡大の取り組み

　夜間中学で学ぶ義務教育未修了者は、経済的弱者が多い。ハローワークでの

正規社員の募集は高校卒業以上が一般的で、中学卒業、ましてや小学校卒業・未就学ではない。また、夜間中学に通学するにはかなりの距離を移動しなければならない場合も多く、中には片道2時間以上、年間の通学定期代が20万円以上という生徒もいる。

また、住んでいる市区町村が学齢超過の生徒の就学援助申請を認めないというケースが非常に多く見られる。これは、学校教育法等の条文において、就学援助に関する国の補助の対象を「学齢生徒」に限っていることが背景となっている。しかし、東京都では各夜間中学や都内夜間中学8校で組織する東京都夜間中学校研究会等が生徒の居住する自治体に働きかけ、少しずつ学齢超過者（20歳でも60歳でも）が、就学援助を申請できる自治体が増えてきている。年齢にかかわらず申請できるようになり、申請した結果、就学援助を受けることができるようになった生徒も多く、「修学旅行に行けるようになった」「学習を続けられるようになった」との報告も届いている。

Ⅵ．国勢調査の改善と未修了者数把握の必要性

しかし、以上のような義務教育未修了者もその実数は把握されていない。

2010年の国勢調査では、「未就学者数」（学歴ゼロ）は12万8187人であった。しかし、その上の学歴調査区分は「小学校又は中学校を卒業」とされており、最終学歴が「小学校なのか」「中学校なのか」区別できない。そこで、夜間中学全教職員で組織する全国夜間中学校研究会（以下「全夜中研」）では「小学校」と「中学校」を別区分とするよう国に要望してきた。それが実現すれば、「小学校卒業者」と「未就学者」を合わせ、中学校未修了者つまり「義務教育未修了者」の総数が明らかになる。

1985年、中曽根首相国会答弁書では義務教育未修了者を約70万人と推計したが、その根拠が不明確だった。「全夜中研」では、百数十万人の義務教育未修了者がいるのではないかと推測している。正確なデータは国に様々な施策改善を求める上で大変重要なものである。

現在、2020年の国勢調査に向け、「全夜中研」や全国各地の自主夜間中学・夜間中学をつくる会、基礎教育保障学会等が、総務省や夜間中学等義務教育拡

充議員連盟等に働きかけ、国勢調査における教育項目改善の方向に進みつつある。

Ⅶ．基礎教育としての義務教育は全ての人の権利

2018年現在、夜間中学校は8都府県に31校しかなく、北海道、東北、埼玉以北の関東、中部、四国、九州・沖縄には1校もない。そのため夜間中学校のない県から東京や大阪に転居する方、片道1時間半〜2時間かけ10万円〜20万円の通学定期を買って夜間中学校に遠距離通学する人も後をたたない。このような現状を踏まえ、全夜中研では、教育条件の抜本的改善に向け、様々な社会的取り組みを行ってきた。

「全夜中研」では全国各地の自主夜間中学や義務教育未修了者の方々の協力も得て、2003年に日本弁護士連合会に対し全国各地への夜間中学増設をめざした人権救済申立を行った。その結果、日本弁護士連合会は2006年8月10日に「学齢期に修学することのできなかった人々の教育を受ける権利の保障に関する意見書」を国に提出、「学齢超過か否かに関わらず、義務教育未修了者は国に教育の場を要求する権利をもつ」と認定し、国に全国調査と夜間中学校開設等実効ある措置を求めた。

これを受け、「全夜中研」では「何歳でもどの自治体に住んでいてもどの国籍でも」基礎教育としての義務教育が保障されることをめざし「すべての人に義務教育を！21世紀プラン」を採択した。

しかし、日本弁護士連合会の国への意見書提出後も、全国での夜間中学増設は進まなかった。自主夜間中学が市へ「夜間中学設置を」と求めると、「それは県全体の問題。県へ行って要望して欲しい」と回答され、県へ行くと「設置者は市だから、市へ行って欲しい」と、たらい回し状態が一向に改善されなかった。

このような現状を踏まえ、「全夜中研」では全国への夜間中学拡充の基盤を整えるため、2009年第55回「全夜中研」大会で、「法的整備」の取り組みを進める方針を確認した。

Ⅷ．議員立法の取組―超党派国会議員・政府、夜間中学設置促進へ

　ひきこもりの若者や新渡日外国人等への教育支援の重要性、全都道府県への夜間中学開設の必要性等を訴える中、国会議員の理解も深まり、政府も動きだし、超党派による議員立法成立の機運が高まった。

1．2012年〜2014年

　全夜中研と超党派国会議員との国会院内シンポジウム（3回）、衆議院文部科学委員会（超党派10名）による足立区立第四中学校夜間学級等の視察、「夜間中学等義務教育議員連盟」の結成（2014年4月24日、自民党馳浩会長）、2013年11月以来、7回に渡る国会議員7名による夜間中学に関する質問などが進む中、「夜間中学は1県に1校は必要」「国勢調査項目改善に向け努力」等の下村文部科学大臣の前向きな答弁等、大きな新しい流れが進んできた。

　2014年7月3日、教育再生実行会議「今後の学制等の在り方について」（第五次提言）では、「義務教育未修了者の就学機会の確保に重要な役割を果たしているいわゆる夜間中学について、その設置を促進する」と明記された。また、同年8月29日には「子供の貧困対策に関する大綱について」の閣議決定がなされた。この中で「（夜間中学校の設置促進）義務教育未修了の学齢超過者等の就学機会の確保に重要な役割を果たしている夜間中学校について、その設置を促進する」と明記され、国として「夜間中学設置促進」に大きく方針転換した。

2．文部科学省の2015年度方針

①2015年度予算（文部科学省）では、「中学校夜間学級の充実・改善への取組事業1000万円（前年度300万円）が予算化され、（a）夜間学級における学習指導・生徒指導の改善、（b）夜間学級に関する広報強化（c）夜間学級を設けていない都道府県・政令指定都市における新規設置に係わる検討の推進を一体的に行い、中学校夜間学級の振興を図る」ことが打ち出された。（b）広報強化（c）夜間学級規設置検討推進は従来にない事業で評価できる。

②2015年4月30日、文部科学省は「中学校夜間学級の実態調査の結果について」を発表した（2014年9月の全都道府県・全区市町村への実態調査の報告）。公立夜間中学の少なさ、自主夜間中学が全国に広がっている等の調査結果から全国で夜間中学校開設のニーズがあるとし、設置の必要性を説明しており、夜間中学校拡充にとって意義のある結論を出したといえる。

3. 議員立法の取り組み

2015年5月27日に「夜間中学等義務教育拡充議員連盟」と「超党派フリースクール等議員連盟」の合同総会が開催され、自民党馳浩座長（衆議院議員）より、座長試案（法案）が提示された。これは主に夜間中学関係者とフリースクール関係者の考えを反映させた法案であった。また、6月4日には夜間中学等義務教育拡充議員連盟と「全夜中研」共催で「『6.4今国会での義務教育未修了者のための法成立を期す』国会院内の集い」が開催された。

4.「義務教育機会確保法」成立と今後の課題

2016年12月7日に国会にて「義務教育機会確保法」（義務教育の段階における普通教育に相当する教育の機会の確保等に関する法律）が成立した。超党派国会議員の熱意、全夜中研等夜間中学関係者の半世紀以上にわたるねばり強い取り組みがあったからこその成果であり、画期的な出来事だった。これは、社会のセーフティーネットを広げ、100万人ともいわれる「ひきこもり」の者に対応し、人口減少の中での定住外国人に教育保障し、そして“健全な納税者”を創出したいという国の考えや社会の流れがあった。

この法律のポイントは以下の通りである。
・「義務教育未修了者の意思を十分に尊重しつつ、年齢・国籍その他の置かれている事情に　かかわりなく教育機会が確保されるようにする」（3条）
・「国・地方公共団体は教育機会確保施策を策定し実施する責務があり、そのための財政措置を講ずるよう努める義務を負う」（4条・5条・6条）
・「文部科学大臣は、夜間中学での就学機会提供を含む事項について基本指針を策定する。その際、関係する民間団体等の意見を反映させるようにする」（7条）

・「地方公共団体は学校での学びを希望する義務教育未修了者が多数存在することを踏まえ、夜間中学における就学の機会提供その他の必要な措置を講ずる義務を負う」（14条）等である。

　以上は、義務教育未修了者の教育保障にとってきわめて重要な成果である。

　今後、諸法令の整備による教職員配置の充実、就学援助制度の改善、国民へのPRの普及、各都道府県における「夜間中学協議会」の早期立ち上げ等、様々な課題への対応が国・自治体・民間レベルで強く求められている。

5. 全国各地の夜間中学開設の動き

　こうした動きを受け、埼玉県川口市及び千葉県松戸市では、2019年4月の公立夜間中学校開設へと準備が進められている。

　また、2017年11月7日には、文部科学省は、「平成29年度夜間中学等に関する実態調査」について公表し、この中で「新たに80自治体が夜間中学開設を検討」と述べている。

6. 夜間中学拡充に向けた国・自治体の課題

　「義務教育機会確保法」は、附則で「3政府による法律の施行後三年以内の施行の状況についての検討・在り方の見直し・必要な措置の実施」を求めており、以下のような国・自治体の早急な対応が求められている。

①効果的な夜間中学PRと相談窓口の設置及び効果的なニーズ調査の実施（各自治体からの夜間中学校開設の動きがまだまだ弱い）。

②「就学援助」に対する年齢制限の撤廃（法律では国の支援対象は「学齢児童生徒」のみである）。

③十分な夜間中学教職員配置と研修制度の確立（専任教諭が2～4名のところも少なくない）。

④各都道府県での「夜間中学校協議会」早期立ち上げと民間団体の参加（「協議会」が設置された都道府県は少なく民間団体等を含めたものはごくわずかである）。

⑤エレベーター設置等（1978年度までの国の「就学免除・猶予」のため学びの機会が得られなかった障がい者等に配慮した施設設備の整備が求められ

る）。

⑥自主夜間中学への公的支援実施（義務教育相当の方々に教育機会を提供して
いるにもかかわらず年間三十数万円の施設借用料を負担している団体もあ
る）。

Ⅷ．今後に向けて

全国に夜間中学を拡充することは、「いつでもどこでもだれでも」つまり「何
歳でも、どの自治体・地域に住んでいても、どの国籍でも」基礎教育が保障さ
れることとなり、一人一人の人生を輝かせ、日本社会を発展させることにつな
がる。

そのような将来を目ざし、学校や様々な現場、行政、議会、研究者、メディ
ア、市民等が手を携えて少しでも前に進むことを望む。

参考文献

浅野慎一（2012）ミネルヴァの梟たち－夜間中学生の生活と人間発達－．神戸大学大
学院人間発達環境学研究科研究紀要6（1）．125-145.

第63回全国夜間中学校研究大会事務局（2017）「第63回全国夜間中学校研究大会・
大会資料」

関本保孝（2014）夜間中学の現状と役割、そして未来へ．月刊「社会教育」2014年
10月号．60-65.

関本保孝（2017）「義務教育機会確保法」の成立と国・自治体・民間団体の課題．月
刊「社会教育」2017年4月号．58-61.

東京都夜間中学校研究会引揚者教育研究部・在日外国人教育研究部（2007）「夜間中
学校に学ぶ帰国者及び外国人生徒への教育のあゆみ」）

東京都夜間中学校研究会（2011）「東京都夜間中学校研究会50周年記念誌」

全国夜間中学校研究会（2008）「全国への公立夜間中学校開設を目指した人権救済申
立の記録」

原 著

明治期の東京市における初等教育の普及と「貧困・児童労働・不就学」問題への対応

―1900（明治33）年の小学校令改正以降を中心に―

石井 智也

（日本福祉大学・東京学芸大学大学院博士課程）

髙橋 智

（東京学芸大学）

　本稿では、1900（明治33）年の小学校令改正以降、東京市による公立尋常小学校の増設や就学督励策の推進がなされる中、公立尋常小学校とは別種の小学校である「特殊小学校」「特殊夜学校（夜間小学校）」が開設された意義を明らかにするとともに、これまで「例外的な学校」と捉えられてきた「特殊小学校」「特殊夜学校（夜間小学校）」の取り組みを「通常教育の枠組みにおける特別な教育的配慮」の文脈に位置づけて再検討した。

　1900（明治33）年の小学校令改正以降、東京市は庶民層・都市下層・貧困層の就学を確実に促すために、成績不良による落第・退学を防止するための「劣等児取扱規定」「丁児取扱規定」の制定、身体検査・学校医などの学校衛生の強化、「特殊小学校」「特殊夜学校（夜間小学校）」の開設などの多様な教育的配慮を実施した。しかし、1907（明治40）年の小学校令改正に伴う義務教育年限延長以降は、都市人口の増大と不安定な財政基盤による教員不足・学校不足によって引き起こされる二部教授・過大学級や子どもの学習困難や疾病・健康問題が深刻化した。

キーワード

特別な教育的配慮　Special Educational Consideration

東京市　Tokyo City

特殊小学校　Special Elementary School

特殊夜学校（夜間小学校）　Night Elementary School

「貧困・児童労働・不就学」への教育対応や特別な教育的配慮が部分的にな
されつつも、東京市には多数の不就学児童が存在し、貧困・疾病・障害等の困
難を有する子どもが「国民教育」から排除されたまま放置された。

I. はじめに

　周知のように、1994年の「特別なニーズ教育に関する世界会議」にて採択
された「特別なニーズ教育における原則、政策、実践に関するサラマンカ声
明」を大きな契機として、また国内的には2007年の特別支援教育の制度化以
降、通常の学校・学級に在学する多様な教育的ニーズ（学習困難、不登校・不
適応、慢性疾患、いじめ・被虐待、養育困難・貧困、非行・触法等）を有する
子どもへの特別な教育的配慮とインクルーシブ教育に関する実践の蓄積と社会
的関心の広がりが徐々になされてきている。筆者らの問題関心は、こうした現
代の特別ニーズ教育・特別支援教育・インクルーシブ教育の前史に位置づくと
想定される「通常教育の枠組みにおける特別な教育的配慮」が歴史的にどのよ
うな経緯のもとに誕生し、営まれてきたのかを検討する中で、現代の改善課題
を明らかにすることにある。

　さて、日本の「通常教育の枠組みにおける特別な教育的配慮」を歴史的に捉
えていくうえで、明治期までに多く存在した多様な初等教育機関（小学簡易
科、半日学校、私立小学校、特殊小学校、夜学校）を検討することが不可欠で
ある。従来、公立小学校に比して貧弱・不完全な初等教育機関として否定的に
評価されていた上記の初等教育機関であるが、不十分ながらも子どもの生活実
態に応じた学びの場が多様な形態で存在し、そこでは各種の教育的な配慮がな
されていたという事実の注目は、その後の小学校における特別学級編制等の
「通常教育の枠組みにおける特別な教育的配慮」にもつながる重要な検討課題
であると考えるからである。

　1900（明治33）年の小学校令改正により市町村の学校設置義務、保護者に
よる児童への就学義務、授業料の非徴収に象徴される国家による就学保障が促
進され、「国家による国民形成」という観点から画一的な教育課程・教育内容・
修業期間に基づいて教授するシステムが法制度上確立する。東京市でも公立尋

常小学校を増設し、授業料を低減化することで就学率も著しく向上したことから[1]、この時期以降公立尋常小学校などの「標準的」「正系」の小学校が多様な階層を含みこみ広く浸透したと考えられてきた。

　こうした通説に対して、土方（2002）は1900（明治33）年前後の東京市域では一部の富裕層は公立小学校に就学し、庶民層はより教育内容が劣っていたと評価される私立小学校に就学、「貧民窟の貧民」は小学簡易科・貧民学校などに就学する状況であり、「国民すべてを対象とする均質な教育空間は『現実には』生まれていなかった」とした[2]。そのうえで1900（明治33）年の小学校令改正以降も公立尋常小学校は増設されるが「貧民の児童、労働児童に対しては一般的な子どもの教育とは異なる教育で十分であるという考えが政府、府、市にみられ」、「特殊小学校」「夜間小学校」などの公立尋常小学校と共通でない教育課程・学習時間・修業年限をもつ初等教育機関が開設されたことを明らかにした[3]。

　明治後期の東京市では産業化・工業化に伴う多様な都市問題がすでに顕在化していた。例えば、都市人口の半数以上が「都市下層」「細民」と呼ばれる貧しい階層であり、なかでも「人力車夫」「屑拾」「芸人」などの「雑業層」に従事せざるをえない貧困層が四谷鮫河橋・芝新網町・下谷万年町などの大規模スラムを形成し、不衛生な生活を強いられていた[4]。加えて日露戦争以後、機械・金属工業の発展が進み、多数の大小工場が開設され、廃棄物垂れ流しによる河川の汚染や煤煙等による空気汚染などの産業公害も深刻化する[5]。

　また就学率上昇の一方で、産業化・工業化の発展から児童を吸引する仕事が生まれ中途退学者が増加する[6]。財源不足のために全国的に学級統合や二部教授が推進され、東京市などの都市部では人口急増に伴って学齢児童への教員数や学校数が追いつかず、二部教授や過大学級を強いられた[7]。

　東京市では1900（明治33）年以降に、公立尋常小学校を増設し授業料の低減化を行うことで、庶民層・貧困層への初等教育普及を促し就学率の向上を果たしたが、産業化・工業化による都市問題や二部教授・過大学級などの劣悪な教育環境の恒常化によって、子どもの児童労働、健康問題、学習困難、中途退学、不就学等の児童教育問題は深刻化した。

　そうした児童教育問題への対応の一つが「特殊小学校」「特殊夜学校（夜間

小学校)」の取り組みであった。東京都立教育研究所（1995）は、東京市がその「地位と体面」に相応しい「発達大成」をめざし「貧困」の解消に焦点化して、授業料無償・学用品貸与の「特殊小学校」を開設したことを明らかにした[8]。また別役（1995）は、東京市は貧困層の子どもを「貧民たらざる」人間へと「矯正」するために「特殊小学校」を開設したこと、「今後の東京市公立小学校のモデルとなる位置を獲得した学校」であったことを示した[9]。

このように先行研究では、貧困層の就学督励や「貧困」解消のために、「特殊小学校」「特殊夜学校（夜間小学校）」が開設され、子どもの生活改善も含めた多様な教育的配慮を実施したことが示されたが、こうした公立尋常小学校と異なる別種の小学校は「一般普通の義務制学校」と区別される「差別的な学校」「例外的な学校」として捉えられ[10]、過渡的で「いずれ尋常小学校に収斂されるべきもの」としてのみ評価されてきた。

とくに筆者らの問題関心は、「特殊小学校」「特殊夜学校（夜間小学校）」で取り組まれた多様な教育的配慮がそうした学校のみで完結するものではなく、通常教育との連続性・共通性を多分に有するものとして仮説的に捉え、庶民層・貧困層・都市下層の公立尋常小学校への就学が一般化する1920年代以降においても、東京市によって開始された教育救済事業や特別学級編制に引き継がれるものとして捉え直すことにある。

それゆえに本稿では、1900（明治33）年の小学校令改正以降、東京市による公立尋常小学校の増設や就学督励策の推進がなされる中、公立尋常小学校とは別種の小学校である「特殊小学校」「特殊夜学校（夜間小学校）」が開設された意義を明らかにする。

具体的には、公立尋常小学校においても深刻化する児童労働、健康問題、学習困難、中途退学、不就学等の児童教育問題に対して、この時期に各小学校によって実施される「能力別学級」「特別学級」編制や学校衛生の促進等の多様な教育的配慮が、「特殊小学校」「特殊夜学校」による取り組みといかなる共通性や連続性をもつものであるかを解明する。

こうした作業を通して、これまで「例外的な学校」と捉えられてきた「特殊小学校」「特殊夜学校（夜間小学校）」の取り組みを「通常教育の枠組みにおける特別な教育的配慮」の文脈に位置づけて再検討する。

Ⅱ．東京市における1900年小学校令改正以降の初等教育施策の展開

　国家富強をなす経済体制や殖産興業の方針が一定の成果を挙げたために、1900（明治33）年に公布された小学校令では各種の生産労働に従事できる人材養成を学校教育体系に求めることになり、初等教育段階における国民全体を対象とした義務教育制度の定着や中等教育段階における普通教育の整備と実業教育の振興をめざした[11]。そのために授業料非徴収を原則とし、就学義務の厳格化や尋常小学校の修業年限の4年制への統一を通して、多様な階層に対して同一の教育課程・教育内容・修業期間に基づいて教授する学校体系の形成がめざされた[12]。例えば、学年の始期・終期の一定化による学年制学級が奨励されたために教育内容を少数の教員で教授することが容易になり、詳細な「小学校令施行規則」が定められ、小学校における組織・授業・管理などの諸側面が定型化・慣行化された。

　東京市は衆議院議員の星亨が中心となり「東京市小学校教育施設に関する建議」を提出し、小学校の維持や増設を「本市直接の負担」として「小学校を増設して国民教育の普及を測」った。これまで区の負担で設立維持を実施していた小学校の維持や増設を、市の財源で一括して小学校増設を企図した[13]。

　こうして東京市が小学校の維持・増設費に係る補助金を提供することとなり、1899（明治32）年に「市立学校建設費補給規定」により市費から予算の三分の一、1902（明治35）年からは二分の一の補助がなされ、公立小学校の増設が促進された[14]。これ以降、1900（明治33）年には79校であった公立小学校は1910（明治43）年には175校にまで新設・増設がなされ、一方で私立小学校は東京府市による取締の姿勢が明確化したことも関係して、1900（明治33）年には231校があったが、1914（大正3）年には36校まで減少した（表1）。加えて、東京市は「小学教育経営上多額の費用を要する折柄、尋常科授業料に激変を来す如きは、其の経営上容易ならざる」ものとしつつも、月額70銭〜50銭の高額な授業料を「月額二拾銭」にまで減額し[15]、庶民層の就学を促した。

　また小学校令改正では、保護者が「貧窮」の子どもや障害・疾病をもつ子ど

明治期の東京市における初等教育の普及と「貧困・児童労働・不就学」問題への対応　71

表1　東京市における学齢児童数、公私立小学校数の年次変化

	学齢児童数（名）	公立小学校数（校）	私立小学校数（校）
1900（明治33）年	176,756	79	231
1901（明治34）年	172,831	86	222
1902（明治35）年	160,555	95	213
1903（明治36）年	157,894	103	197
1904（明治37）年	163,092	110	183
1905（明治38）年	177,490	117	165
1906（明治39）年	187,150	122	157
1907（明治40）年	192,525	130	142
1908（明治41）年	197,951	162	119
1909（明治42）年	201,165	172	102
1910（明治43）年	209,842	175	89
1911（明治44）年	212,576	174	77
1912（明治45）年	219,303	180	66
1913（大正2）年	231,659	181	61
1914（大正3）年	238,840	166	36

（出典：『第1回東京市学事年報』から『第15回東京市学事年報』より作成）

もの「就学義務の猶予・免除」が明確化されることに伴い、東京市は就学事務を強化し「学齢簿調査」を実施した[16]。例えば、1902（明治35）年に牛込区では学齢児童臨時実施調査を行い「不就学」児童数とその背景を明らかにして、「就学猶予・免除」の手続きを明確化した[17]。さらに東京市は貧困層が大規模スラムを形成している状況も踏まえ、「教科用図書、学用品一切を給与する」「細民児童を入学せしむべき尋常小学校」である「特殊小学校」の設置計画を立てた[18]。加えて著しい産業化・工業化に伴い多くの学齢児童が児童労働に従事しているために、1906（明治39）年には学齢超過児童や労働児童のための修業期限2年の「夜間小学校」が各区に設置された[19]。

　このように「貧困・児童労働・不就学」等への対応を行う特殊小学校・夜間小学校が設置されたことで、1900（明治33）年に就学率が76％であったものが1903（明治36）年には90％を超え、1914（大正3）年には96％に達した（**表2**）[20]。1911（明治44）年の「日々出席率」をみても94％を超えており、東京市では貧困層を含めた教育の普及が一挙に進められた。

　日露戦争の戦費負担で破綻した財政の立て直しや資本主義の激化などの動揺を抑えるために、1908（明治41）年に「戊辰詔書」を公布、地方改良運動な

表2　東京市における小学校の就学率の年次変化

	男子就学率（%）	女子就学率（%）
1900（明治33）年	77.80	75.10
1901（明治34）年	83.50	81.20
1902（明治35）年	89.31	87.78
1903（明治36）年	92.20	91.03
1904（明治37）年	94.92	94.33
1905（明治38）年	96.50	95.87
1906（明治39）年	96.29	95.67
1907（明治40）年	96.99	96.39
1908（明治41）年	96.47	96.23
1909（明治42）年	96.81	96.45
1910（明治43）年	97.38	97.17
1911（明治44）年	96.43	96.18
1912（明治45）年	96.65	96.48
1913（大正2）年	96.99	96.81
1914（大正3）年	96.80	96.50

（出典：『第1回東京市学事年報』から『第15回東京市学事年報』より作成）

どを実施することで再度国民統合を図った。教育制度改革としては1907（明治40）年の小学校令改正によって「国民教育」の内容水準の「向上」のために初等教育年限が4ヶ年から6ヶ年に延長した。これにより初等教育制度の基本構図が確定され、「代用私立小学校」の廃止が決定される[21]。

Ⅲ．子どもの身体・健康問題の深刻化と学校衛生の促進

　学齢未満の多くの児童が小学校に就学している状況に対して、1900（明治33）年の小学校令改正を契機に、子どもの心身発育に応じて一定の就学年齢が決定され、同一年齢の「単式学級」が編制され始めた。その際に「体育の奨励」「学科目・教科目の減少」「身体検査の実施」などの多様な学校衛生施策が施行され、近代的な国民の育成を目指す前提条件として、子どもの心身の発育に応じた教育的配慮の在り方が検討された[22]。

　東京市赤坂区の青山小学校では「中等程度以下の体格則ち乙種に算入すべき者が百人中三拾人位の割合で」「女子は是よりも更に数等劣」っていることが明らかにされた[23]。こうした子どもは「筋肉薄弱皮膚抵抗力微弱」であり「容易に感冒に罹るの傾向を有し腸胃の機能も亦弱き」であるために「適当な

る体育法を施」す必要性を提起していた。

　四谷第二小学校では「徒らに統計表を作らんが為に身体検査を為す」のではなく、「該児童の家庭に通告」するなどして病気や健康問題を有する子どもへの対応を行った[24]。また同校では身体検査に基づいて「トラホーム患者及び其他の眼疾児童七名を、教壇に最も近く」に配置するなど、眼疾・耳疾・腺病体質などの疾病・障害をもつ子どもへの教育的配慮もなされていた[25]。

　本郷小学校では「学校医の出張を求めて」「身長、体重、胸囲、脊柱、体格、眼疾、耳疾、歯牙、疾病等の項目につき全学級児童の身体検査を行」い「児童の身体の発達の模様を知り」「体育」の奨励や「衛生講話」を実施した[26]。たとえば学校医の赤井直忠が「一般衛生思想を知らしむるため」講話を実施し、「定期の身体検査の外に部分検査と称して」「耳とか鼻とか喉とかの検査をしてあしき處あれば夫々父兄へ通告して治療をさせ」た[27]。

　また、貧困等の家庭環境によって身体発育の「優劣」が大きく影響を受けることも学校医等による調査から明らかにされた。「貧富の懸隔か如何に児童の体格と相関係するか」について、富裕層が多く就学する「日本橋の久松小学校」と貧困層が多く就学する「浅草の玉姫小学校」の身体検査成績を比較し、久松小では体格標準が「薄弱」の児童はほとんどいなかったが、玉姫小では約7割以上が「薄弱」であることが明らかにされた（表3）[28]。

　東京医科大学衛生学教室の古瀬安俊は、富裕層の多い精華小や高千穂小の子どもと特殊小学校の子どもの身体発育を比較し、「身長体重ハ男女共富児勝レリ」「胸囲ハ男子ニ於テハ七、八歳ニ於テ貧児勝ルト雖モ九歳以後ハ各年富児勝レリ」「貧富別児童ノ発育上ノ差ノ顕著ナルハ男女共大体ニ於テ十二歳以後」であることを明らかにした[29]。

　深川区の東川小学校では「齢十歳位に達すれば家計困難の為め多くは糊口的

表3　日本橋区久松小学校と浅草区玉姫小学校の児童の身体発育

	日本橋区久松小学校			浅草区玉姫小学校		
	強健	中等	薄弱	強健	中等	薄弱
男子	199	320	3	2	52	158
女子	187	353	4	6	45	136
計	386	673	7	8	97	294

（出典：無署名（1907）貧富と児童の体格、『児童研究』第10巻6号、p.71より作成）

作業に使役」される子どもが多く在籍しており、「身体に対する注意、衣服に関する衛生上の注意、飲食に対する衛生上の注意等は殆んど無頓着」「児童の頭髪衣服等にも常に清潔にすべき様注意をなすも家庭は毫も顧慮せざる」という状態で、家庭との連携のなかで「清潔の励行」が実施されていた[30]。

　このように東京市内の各小学校において身体検査や学校衛生的対応がなされ、子どもの身体・健康問題とその背景にある劣悪な家庭・生活環境などが明らかにされたが、こうした困難を抱えた子どもは年々増加する傾向にあった。1911（明治44）年の東京市学事年報に掲載された「児童身体検査」の調査結果をみると、東京市内の小学校に就学する子どもの「齲歯」約74％、「眼疾」約13％、「耳疾」約4％であり、「消化器病」「外被病」に罹患している子どもも少なくなかった（表4）。翌1912（明治45）年においては前述の疾患に加えて「鼻疾」約12％、「腺病」約7％、約7％「畸形」であることが示され、多くの学齢児童が多様な疾患を患っていた[31]。大正期に入っても就学児童の疾病罹患率は下がることはなく、1916（大正5）年には市内就学児童の約84％が何らかの疾病に罹患していた。

　東京市小学校長会はこうした子どもの疾病や健康問題について、「空気の汚濁」「運動すべき場所の少きこと」「外界の刺激過多なること」などにより「身長の割合に胸囲体重の少きこと」「筋肉の発育不充分」「歯牙の不良」「眼疾の多きこと」「抵抗力の弱きこと」などを指摘しており、「児童体格検査の結果を一層有効ならしむる」「体育奨励法を設くる」「郊外運動の機会を多くする」などの教育改善の必要性を強調した。加えて、家庭や地域社会との協力を通じて、「身体各部の清潔」「歯牙及眼の衛生に注意する」「早起早眠の習慣を養ふ」などの生活改善の必要性も提起しており[32]、小学校長会が提起する尋常小学校の子どもの疾病や健康問題に関する見解は、後述する「特殊小学校」「特殊

表4　児童身体検査における小学校児童の疾病罹患状況

	齲歯（％）		眼疾（％）		耳疾（％）		鼻疾（％）	
	男	女	男	女	男	女	男	女
1911（明治44）年	73.6	73.8	12.8	13.1	4.2	3.0	―	―
1912（明治45）年	68.9	67.9	11.1	11.1	3.6	2.7	13.3	11.4
1913（大正2）年	69.6	70.1	12.0	12.0	3.0	2.6	11.5	7.9

（出典：『第12回東京市学事年報』から『第14回東京市学事年報』より作成）

夜学校（夜間小学校）」における取り組みと多くの共通性を有するものであった。

Ⅳ．学年制学級編制の定着と学力格差の顕在化

東京市では公立尋常小学校の児童数増加と入学時期が一定化することで「同年齢の均質的集団」である学年制学級が編制される。1905（明治38）年の「小学校児童学力調査規定」の制定や1907（明治40）年の義務教育年限延長に伴い上級学校との接続が容易になったこととも関連して、学級内の児童の学力格差が顕在化した。

とりわけ東京市では、1900（明治33）年以降にようやく公立尋常小学校が普及し始めたことから、中等・高等教育への進学可能な中産階級と貧困や児童労働などで中途退学を余儀なくされた貧困層・庶民層が公立尋常小学校に在籍するようになり、学級内の児童間の学力格差は顕著であったといえる。

義務教育年限延長が実施された1907（明治40）年ころから、東京市内の小学校でも成績不良による落第・退学を防止するために「劣等児取扱規定」「丁児取扱規定」などの規程を設けて児童の就学定着を図る工夫がなされた。また1908（明治41）年の「東京市小学校の学級編制の基準」に関する調査では、「学業成績」による編制方法を実施している小学校が約36％と高く、学級集団での一斉教授が定着するなかで子どもの学習能力に応じた教育対応がなされていたことがうかがえる[33]。

四谷区の余丁町小学校では「精神の発育遅緩にして其学力普通の児童に比して劣等」な児童を「劣等児」とし、「劣等児童の座席を優等児童の傍に置き優等児童をして補助教授」「放課後適宜三十分以内の範囲に於て特別教授」などの特別教授が実施され、「特に保護者に熟知せしめ学校と家庭と相協力」するなど学校と家庭の協力もなされた[34]。

京橋区の泰明小学校でも「学科の成績不良にして丁なる評語を附すべき児童を某科の丁児」と称し、こうした学習困難児に対しては「受持教員は某丁科の発達を助くるため特別の取扱」を実施していた。具体的な教育対応として、対象となる学習困難児の不注意・欠席・素養・疾病・天性を十分に調査し、別席

法・友助法・別授法・偏習法・余暇法・宿題法・庭習法・療養法などの教育的配慮を実施した[35]。

芝区の桜田小学校では、学習困難の原因として「年齢の多少、入学の遅速」「自心の発育不充分なるにも因り又家庭の状況」を挙げて、「児童と家庭と学校」の関係性の改善を図った。また家庭訪問を通じて「当人は幼少より虚弱で、殊に呼吸器が悪いと云ふこと」「母が五年前に病没して祖母の養育を受けて居る」「家業多忙の為めに子供の学問に注意する隙が無い」など、子どもの学習困難の背景にある多様な生活・家庭上の問題を明らかにした[36]。

浅草区の千束小学校では「随分家庭の良からぬ児童か多いので既に二三学年の児女にして姦淫等の醜的意味を知つて居る」「三学年の児童でスリを働いたものがある」など、「特殊的児童」も多いために、「訓練日誌の事や、早出看護、服装検査、学校新聞、毎日三名宛の児童を各受持の教師が放課後に呼んで談話を試み以て個性を知る事を計る」などの教育的配慮がなされており、学習困難だけでなく、非行・不衛生・健康問題などの多様な困難に応じざるをえなかったことが示された[37]。

V. 1907（明治40）年の小学校令改正に伴う義務教育年限延長と二部教授問題

1904（明治37）年に日露戦争が勃発し、文部省は戦時を鑑みて節約を図るために二部教授の実施を奨励した。小学校が圧倒的に不足していた東京市は1904（明治37）年、東京市教育課長を中心に当時二部教授を奨励していた横浜市の戸部小学校と程谷小学校を視察した。教育課長の島田は二部教授奨励校の視察の際に「二部教授に於て寒心に堪へざるは元気旺盛なる午前に、児童の心理に重き負担を為さしむ」など多くの不利益があるとして、「二部教授は、経費的利益の外、教育的利益を認むる事能はず」「濫に認可すべき者にあらざる」なりと言及している[38]。

牛込区の赤城小学校では「私立小学校の廃校せしもの二三ありて、益々校舎の不足を告げ就学児童の数豫定より倍数の多きに達したるを以て」二部教授を実施していたが、「午後の時間に児童の精神を労する」「壱人の教員にて倍数の

児童を取扱ふ故に其姓名及び性質を知る」ことの困難さなど、二部教授における多くの弊害が指摘されており[39]、二部教授編制は児童にとって「弊害」が多いものと認識されていた。

前述のように1907（明治40）年に小学校令の改正に伴う義務教育年限延長の実施がなされたが、日露戦争後の恐慌（明治40年恐慌）のために教員補充や学校設立にかかる予算が計上できず、文部省は学級の統廃合と二部教授の実施を奨励した[40]。東京市でも「目下校舎不足の原因より二部教授を実行せる状況なるに更に義務年限の延長によりて益々校舎の狭隘を来たし前途の経営漸く困難を加へん」ことが報告され[41]、例えば公立・私立小学校において合計1000名以上の教員が不足していた[42]。

1911（明治44）年において全学年で二部教授を行わざるを得ない学校が6校で児童数3,599名、一部に二部教授をしていた学校は69校・児童数30,214名に及んでいた。1916（大正5）年においてもその状況は全く改善されず、むしろ増加傾向にあり、市内公立尋常小学校の約半数84校で二部教授が実施され、市内全児童数の約2割の40,856名が二部教授を強いられていた（**表5**）。

表5　東京市における二部教授実施の小学校・学級・児童数の推移

	全部二部教授			一部二部教授			合計		
	学校	学級	児童	学校	学級	児童	学校	学級	児童
1911年	6	61	3,599	69	516	30,214	75	577	33,813
1912年	6	72	3,908	75	517	34,984	81	589	34,984
1913年	5	63	3,337	60	496	27,466	65	559	30,803
1914年	—	—	—	—	—	—	72	625	35,505
1915年	5	68	3,832	66	575	31,991	71	643	35,823
1916年	6	85	4,889	75	633	35,967	84	718	40,856

（出典：『第12回東京市学事年報』から『第17回東京市学事年報』より作成）

VI. 子どもの「貧困・児童労働・不就学」等の深刻化と 「特殊小学校」「特殊夜学校（夜間小学校）」の開設

1900年前後の東京市域では、中下層の子どもは私立小学校に就学し「貧民窟の貧民」は地域の有志や宗教家によって開設された「小学簡易科」「夜間小学」「貧民学校」等に通っていた[43]。四谷区では協同夜間小学校が「授業料は

別に制限なく、三銭五銭十銭意に応じて持ち来るに任せ」「午後七時より十時まで開校し、読本・算術・習字・修身」を教えていたが[44]、市による補助金がなく長く継続できるものは少なかった。そのために日々の生活を営むことが困難である貧困層の多い「浅草、下谷、本所、深川、小石川の如きは、逐年不就学者増加の状況」であり、東京市全域においても学齢児童の約3割が不就学であった[45]。とくに浅草区53%、下谷区40%の高い不就学率を示していた。

東京市は公立尋常小学校の増設を計画する際に、こうしたスラムや貧困層の子どもの就学率の低さに着目して、授業料無償・学用品貸与の「特殊小学校」を開設することで就学率向上をめざした[46]。まず東京市は大規模スラムの下谷区万年町・四谷区鮫河橋・深川区霊岸町に「特殊小学校」を設置し、その後、スラム以外にも「都市下層・貧困層」が集住する地区に「特殊小学校」が設置される（**表6**）。

日露戦争後に東京市でも機械・金属工業が進展し、多数の工場が開設され始める。こうした工場には「細民」「都市下層」の子どもの多くが就労することとなり、児童労働と中途退学・不就学が加速し、「幼年者若くは婦女子の過半は、衛生上危険なる工場に虐使せらるるが如し」「彼等の労働は凡そ十時間前後」に達し「人生の発達期に属する幼児及び少年、並に後代の人類の母たる婦人の体力を虐使し、其の精神機能の発達を阻害する事は、人類一般の智力及び体力の堕落を来」すものであった[47]。

こうした実態を踏まえ、児童の労働力を保持しながら教育的な対応を行う「特殊夜学校（夜間小学校）」が1906（明治39）年に神田・京橋・小石川・下

表6　明治期に開設された「特殊小学校」

1903（明治36）年	万年小学校	下谷区万年町
1903（明治36）年	霊岸小学校	深川区霊岸町
1903（明治36）年	三笠小学校	本所区三笠町
1903（明治36）年	鮫橋小学校	四谷区鮫橋谷町
1905（明治38）年	玉姫小学校	浅草区玉姫町
1905（明治38）年	芝浦小学校	芝区新網町
1909（明治42）年	絶江小学校	麻布区新堀町
1910（明治43）年	林町小学校	小石川区林町
1912（明治45）年	猿江小学校	深川区猿江町
1912（明治45）年	菊川小学校	本所区菊川町

（出典：石井昭示（1992）『近代の児童労働と夜間小学校』、p.90 より作成）

谷に4校開設された。「特殊夜学校（夜間小学校）」は小学校令第17条に基づく
「小学校ニ類スル各種学校」であり、修業年限・学年・学科課程・授業時数等
に関しては小学校令・同施行規則の適用ではなく変則的であった。「特殊夜学
校（夜間小学校）」の授業料は無償であり、「学年を2年制に短縮し」「教科を
原則として3教科に限定し」「授業時数が尋常小学校に比較して週6時間以上少
ない」など「普通教科ヲ速成的ニ授クル」ものであったが[48]、こうした変則
的な修業年限・学科課程・授業時数等については労働児童の生活実態に応じた
教育的対応としても捉えうる。1914（大正3）年までに34校の「特殊夜学校（夜
間小学校）」が設置されており、就学児童数も増加の一途をたどった（**表7**）[49]。

　このように東京市は「特殊小学校」「特殊夜学校（夜間小学校）」の設置を行
うことで「貧困・児童労働・不就学」等の子どもの就学率を高めたが、その後
も不就学児童は少なからず存在しており、東京市は詳細な調査を実施してい
る。1911（明治44）年に東京市は精神科医の三宅鑛一が中心となり「東京ニ
於ケル不就学、又ハ就学猶予ノ児童数、其他特殊児童ノ数ヲ定メ」る調査を実
施し、対象児童32,287名中において就学免除者として「盲者」45名、「聾啞者」
76名、「不具廃疾」25名、「白痴」54名、「瘋癲」7名、「その他」109名、「貧窮」
54名の合計370名、就学猶予者として「病弱又ハ発育不全」465名、「貧窮」
630名の合計1,095名いたことが明らかにされる[50]。

　これ以降、東京市は「就学猶予・免除」とされた児童数についての調査統計
を公表しており、1915（大正4）年には就学猶予・免除児童は5,874名（学齢
児童の約3%）存在することが示され[51]、大正期に入っても多数の子どもが貧
困・疾病・障害等によって小学校に就学できない状態が続いていた。1900（明
治33）年の小学校令改正以降、東京市によって設置された「特殊小学校」「特
殊夜学校（夜間小学校）」が「貧困・児童労働・不就学」等の子どもの教育救

表7　明治期に開設された「特殊夜学校（夜間小学校）」

1906（明治39）年	神田（千桜）、京橋（京橋）、小石川（小石川第一）、下谷（東盛）
1907（明治40）年	京橋第二（月島）、小石川第二（明化）、下谷第二（仲徒）、浅草第一（松葉）
1909（明治42）年	芝第一（南海）、赤坂第一（青山）、下谷第三（竹町）、本所第一（横川）、
1910（明治43）年	四谷第一（四谷第三）、深川第一（六軒堀）
1911（明治44）年	京橋第三（鉄砲州）、赤坂第二（赤坂）、本所第二（柳島）、
1912（明治45）年	麻布第一（飯倉）、四谷第二（四谷第一）、本郷第一（根津）、本所第三（明徳）、

（出典：石井昭示（1992）『近代の児童労働と夜間小学校』、p.102 より作成）

済の一部を担っていたが、都市人口の増加や産業化・工業化の急進、都市問題の激化等によって子どもの「中途退学・不就学」という状態が恒常化していた。

Ⅶ．おわりに

　本稿では、1900（明治33）年の小学校令改正以降、東京市による公立尋常小学校の増設や就学督励策の推進がなされる中、公立尋常小学校とは別種の小学校である「特殊小学校」「特殊夜学校（夜間小学校）」が開設された意義を明らかにするとともに、これまで「例外的な学校」と捉えられてきた「特殊小学校」「特殊夜学校（夜間小学校）」の取り組みを「通常教育の枠組みにおける特別な教育的配慮」の文脈に位置づけて再検討した。

　1900（明治33）年の小学校令改正以降、東京市は庶民層・都市下層・貧困層の就学を確実に促すために、子どもの生活実態に応じた初等教育機関である「特殊小学校」「特殊夜学校（夜間小学校）」を開設するとともに、成績不良による落第・退学を防止するための「劣等児取扱規定」「丁児取扱規定」の制定、身体検査・学校医などの学校衛生の強化などの多様な教育的配慮を実施した。しかし、1907（明治40）年の小学校令改正に伴う義務教育年限延長以降は、都市人口の増大と不安定な財政基盤による教員不足・学校不足によって引き起こされる二部教授・過大学級や子どもの学習困難や疾病・健康問題が深刻化した。

　1900年以前から拡大していたスラムでは貧困・児童労働・不衛生・不就学等が深刻化し、東京市は授業料無料・学用品貸与の「特殊小学校」を開設する。また産業化・工業化の発展から多数の工場が開設され、児童を吸引する仕事が生まれるために児童労働と中途退学・不就学が加速し、「特殊夜学校（夜間小学校）」が各区に設置されていく。このような「貧困・児童労働・不就学」への教育対応や特別な教育的配慮が部分的になされつつも、東京市には多数の不就学児童が存在し、貧困・疾病・障害等の困難を有する子どもが「国民教育」から排除されたまま放置された。

　もちろんこうした時代的な制約がありながらも、これまで「例外的な学校」

と見做されてきた「特殊小学校」「特殊夜学校（夜間小学校）」における取り組みが、それぞれの公立尋常小学校において実施された「劣等児」教育や特別学級編制、学校衛生の強化などの教育的配慮という点で共通性・連続性をもつものであり、当時の東京市において顕在化していた「貧困・児童労働・不就学・疾病・非行」等の多様な教育的困難に応じて、共通して取り組まれた教育的配慮として捉え直すことができた。

　このように明治後期においては、不安定な教育財源のために各小学校でなされた多様な教育的配慮は部分的な取り組みに留まったが、1920年代以降に東京市において本格的に児童保護事業・教育救済事業・小学校教育改善事業が開始されるなかでこうした特別な教育的配慮がどのように位置づけられ、発展するのかを解明することが今後の課題となる。

　具体的には、1910年代以降において多様な階層の子どもが公立尋常小学校に包含されるなかで「特殊小学校」「特殊夜学校（夜間小学校）」で実施されていた子どもの生活に応じた教育対応や特別な教育的配慮が、公立尋常小学校における「教育改善事業」にどのように引き継がれるか（引き継がれないか）について、東京市による都市政策や児童保護事業との関連から検討する。

附記
　本研究は「2017年度～2018年度科学研究費補助金研究活動スタート支援」（石井智也）による研究成果の一部である。

注
1)　東京都立教育研究所編（1995）『東京都教育史通史編二』、pp.43-52。
2)　土方苑子（2002）『東京の近代小学校―「国民」教育制度の成立過程―』東京大学出版会、pp.188-189。
3)　土方苑子（2002）同上、pp.189-190。
4)　中川清（1985）『日本の都市下層』勁草書房、pp.26-41。
5)　石塚裕道（1977）『東京の社会経済史―資本主義と都市問題―』紀伊國屋書店、pp.169-182。
6)　土方苑子（1994）『近代日本の学校と地域社会―村の子どもはどう生きたか―』東京大学出版会、pp.141-172。
7)　志村廣明（1998）『日本の近代学校における学級定員・編制問題―過大学級、二部教授問題を中心として―』大空社、pp.243-252。

8)　東京都立教育研究所編（1995）前掲書、p.95。

9)　別役厚子（1995）東京市「特殊小学校」の設立過程の検討―地域との葛藤に視点をあてて―、『日本の教育史学』第38号、pp.154-173。

10)　田中勝文（1984）義務教育の理念と法制―貧民学校から義務制を考える―、『講座日本教育史』第3巻（近代Ⅱ／近代Ⅲ）、第一法規、pp.41-70。

11)　山本正身（2014）『日本教育史―教育の「今」を歴史から考える―』慶應義塾大学出版会、pp.164-165。

12)　国立教育研究所編（1974）『日本近代教育百年史』第4巻、p.866。

13)　無署名（1900）東京市小学教育施設に関する建議、『東京市教育時報』第2号、pp.32-37。

14)　土方苑子（2002）前掲書、p.157。

15)　無署名（1901）東京市学事情況、『東京市教育時報』第9号、pp.41-42。

16)　無署名（1901）学齢簿等点検、『東京市教育時報』第11号、p.37、無署名（1902）学齢簿調査、『東京市教育時報』第18号、p.56。

17)　無署名（1902）牛込区学齢児童臨時実地調査、『東京市教育時報』第20号、pp.51-53。

18)　無署名（1901）東京市学事情況、『東京市教育時報』第7号、p.44。

19)　石井昭示（1992）『近代の児童労働と夜間小学校』明石書店、pp.99-102。

20)　加登田恵子（1982）わが国における貧児教育―東京市特殊尋常小学校の成立と展開―、『社会福祉』第23巻、pp.100-101。

21)　佐藤秀夫（1972）明治期における小学校観の成立―小学校における課程編制の形成過程を中心として―、『野間教育研究所紀要』第27集、p.120。

22)　近藤幹生（2010）『明治20・30年代における就学年齢の根拠に関する研究―三島通良の所論をめぐって―』風間書房、pp.21-63。

23)　無署名（1903）赤坂区通信、『東京市教育時報』第29号、p.50。

24)　無署名（1906）東京市内小学校の特色、『日本之小学教師』第86号、pp.24-26。

25)　島本龍太郎（1907）児童席の排列に就いて、『東京市教育会雑誌』第28号、pp.54-55。

26)　松下専吉（1906）本郷小学校教務の実際、『日本之小学教師』第89号、pp.23-24。

27)　無署名（1908）東京市内の小学校、『日本之小学教師』第114号、p.36。

28)　無署名（1907）貧富と児童の体格、『児童研究』第10巻6号、p.71。

29)　古瀬安俊（1912）数量上ニ現ハレタル児童発育ト貧富トノ関係、『児童研究』第16巻8号、pp.259-262。

30)　加等木春次郎（1909）本校周囲の事情と本校教育との関係を述べて本校教育の方針に及ぶ、『東京市教育会雑誌』第54号、pp.12-15。

31)　東京都立教育研究所編（1993）第13回東京市学事年報、『東京都教育史資料総覧』第3巻、p.550。

32) 東京市小学校長会（1910）東京市小学校児童の身體を健康ならしむるに適当なる方法、『東京教育』第240号、pp.14-16。

33) 富岡達夫（1994）『東京の知能遅滞児教育史（戦前編）序説』大揚社、p.55。

34) 余丁町尋常高等小学校（1906）劣等児童取扱規定、『東京市教育会雑誌』第26号、pp.30-31。

35) 泰明尋常高等小学校（1908）丁児取扱規定、『東京市教育会雑誌』第41号、pp.25-26。

36) 村田猛（1906）劣等児童の取扱方に就て、『日本之小学教師』第94号、pp.21-23。

37) 季長省三（1908）学校参観餘録、『日本之小学教師』第115号、p.32。

38) 無署名（1904）二部教授視察報告、『児童研究』第7巻6号、pp.36-40。

39) 森利平（1904）小学校二部教授の得失に付て、『日本之小学教師』第66号、pp.16-17。

40) 志村廣明（1998）前掲書、p.52。

41) 無署名（1908）義務年限の延長を迎ふ、『東京教育雑誌』第218号、pp.28-30。

42) 東京都立教育研究所編（1995）前掲書、p.592。

43) 土方苑子（2002）前掲書、pp.188-189。

44) 横山源之助（1899）『日本之下層社会』、p.61。

45) 石川惟安（1901）東京市の普通教育に関する統計、『東京市教育時報』第4号、pp.55-56。

46) 別役厚子（1995）前掲論文、田中勝文（1965）児童保護と教育、その社会史的考察―東京市の特殊小学校設立をめぐって―、『名古屋大学教育学部紀要』第12巻、pp.125-146など。

47) 八濱徳三郎（1914）職工の家庭の研究、『救済研究』第2巻5号、pp.58-59。

48) 川向秀武（1973）東京における夜間小学校の成立と展開―「特殊夜学校」・「尋常夜中学校」を中心として―、『東京都立大学人文学報』第8巻、pp.105-106。

49) 石井昭示（1992）前掲書、pp.99-104。

50) 三宅鑛一（1912）東京ニ於ケル就学免除就学猶予トナレル児童及ビ特殊児童ノ数著シク多大ナルヲ知リテ此ノ種児童ニ対スル設備ノ益々急務ナルヲ論ズ、『国家医学会雑誌』第306号、pp.49-56。

51) 東京都立教育研究所編（1993）第16回東京市学事年報、『東京都教育史資料総覧』第3巻、pp.577-578。

原　著

低学力児童の困難は
学校階層背景によっていかに異なるか
─二つの小学校の事例研究から─

西　　徳宏
（大阪大学）

伊藤　　駿
（大阪大学大学院・日本学術振興会特別研究員）

　　本稿では、2つの対照的な小学校を取り上げ、低学力児童の学校生活における困難の質的な差異を分析した。学力レベル中上位層の児童の割合が高い小学校ではハイレベルな取り組みが行われていた。その中で低学力層の児童は、十分な学習支援を享受することができない現状があった。また、そのような制約が学習上の困難、友人関係での困難を引き起こしていた。そして、そうした困難は低学力層の子どもたちを「課題のある子」として学校内で顕在化させていた。次に、低学力層の児童の割合が高い小学校では、家庭背景の厳しさから十分な学習環境を有していない児童の学力面での課題が指摘された。そのため学校の取り組みでは「全員が一定の学力を獲得できる指導」が重視され教師だけでなく「できる子」のサポートを受けることで授業への参加を果たしていた。しかし、そうした取り組みが行われることによって、低学力層の子どもたちは「課題のない子」として自らを学校で透明化していた。最後に、こうした本稿の知見が有する学問的示唆について検討した。

キーワード

学力格差　Gap of academic achievement

学校背景　School background

子ども　Children

Ⅰ．問題の所在

　本稿の目的は、階層背景が異なる二つの小学校における事例研究をもとに、低学力児童の困難を比較分析することを通して、特別ニーズ教育の視点から日本の学力研究に新たな学問的示唆を提出することにある。

　日本の学力研究は、関西地区を中心に行われてきた同和地区の子ども達の学力・生活実態調査を除き、1990年代まで大きな関心を集めることはなかった。それが1990年代後半から「学力低下」論が注目を集め、数年遅れで「学力格差」の問題が論じられるようになった（苅谷・志水2004）。これまでの研究では、学力格差が生じる要因として、学校外と学校内の要因がそれぞれ指摘されてきた。まず、学校外の要因に注目した代表的な研究として耳塚（2007）では、学力格差が生じる社会経済的な階層要因とその地域間の差異が論じられている。階層的に恵まれている子どもは学力が高い傾向にあるが、そうでない子との差は都心部のほうが大きく、地方都市ではそれほど大きくないという。また、学力と社会関係資本との関係を検討する研究では、子どもを取り巻く地域的なつながりの多寡が、学力の階層間格差の形成に関与している可能性を指摘したものもある（志水2014）。こうした研究は、大規模な量的データを活用し、日本全体の子ども達の学力状況とその規程要因を捉えてきた。

　一方、学校内の要因に着目した研究では、学習形態や学級文化と社会階層の関係が検討されてきた。ベネッセ（2008）は、階層間格差を縮小する可能性を持つ学級の特徴の一つとして、「グループ学習を取り入れた授業」をあげている。その一方で、伝統的学力観に基づく教授法が学力の階層差を小さくすることが指摘されており（山田2004）、教師主導の一斉授業を安易に手放すことへの危惧が示されている。このように、メゾレベルでの学力格差の形成・縮小要因の分析が量的調査によって行われる一方、「効果のある学校」（鍋島 2003）や「力のある学校」研究（志水編 2009）などにより、学力格差を縮小する学校の文化や教育実践が、質的研究によっても明らかにされてきた。

　しかしながら、上記の研究に対しては以下の二点の課題が指摘できる。第一に、どのような子ども達が低学力であるのか、彼らがどのような困難を抱えて

いるのかといった、低学力に陥っている子ども達の実態は見過ごされてきた。これまでの研究では、学力の格差が拡大・縮小する学校外の要因として地域特性が、学校内の要因として授業形態や教員の取り組みが注目されてきた一方で、障害児教育や特別支援教育といった文脈における、子どもに焦点を当てた学力研究の蓄積は、わずかなものにとどまってきたのである（渡邉他 2014）。すべての子どもの困難と多様な教育的ニーズに応答し、発達保障を目指していく「特別ニーズ教育」（高橋2004, p.95）に立脚するならば、学力格差問題の当事者である子ども達の実態を看過してきたことは、直視すべき研究上の課題と言える。

　そして第二に、学校の社会経済的背景の差異と子どもが感じる困難とのレリバンスが論じられていない。先に示した研究のように、学力格差の形成要因には地域差や学校差が指摘されはじめている。一方で、子ども達が学校生活で抱く困難は、どの学校においても共通して見られるものであるか、違いがあればそれはどのような違いかといった、学校の社会経済的な階層背景と、子どもが学校生活で抱く困難との関連について検討した研究は皆無である。すなわち、学校のおかれる社会的文脈を押さえた上で、低学力の子ども達が抱く困難をミクロな視点から描き出す研究が求められているのである。

　そこで本稿では、先行研究の課題を引き継いだ検討課題を以下の二点に設定し、低学力の子ども達が学校生活で直面する困難の実態を明らかにしていく。
① 低学力児童達は、学校生活でどのような経験をし、いかなる困難を抱えているのか。
② そうした困難は、学校がおかれる階層背景よって、どのような差異があるのか。

　以上の検討課題をもとに低学力児童の困難を捉えることは、これまで格差是正に効果的であると指摘されてきた教授方法についても、その有効性について、子ども達の実態から再検討を行うことが可能となる。さらに、「学力保障」という切り口から子ども達の教育的ニーズを明らかにできる点で、重要な意義を持つだろう。

Ⅱ．研究の方法

表1　対象校のプロフィール（2015年度）

	A小	B小
所在地	X市の中心であるX駅の近隣に所在する。周囲は住宅街。	X駅から離れた位置に所在する。公営住宅に隣接している。
児童数	約1000名	約200名
教員数	約60名	約20名
ひとり親率	－	約20%
就学援助率	約9%	約50%
特支学級率	約6%	約6%
外国籍児童率	－	約10%
低学力児童率	約10%	約50%
備考	児童養護施設Zから通う子どもが約3%。	同じ中学校区に被差別部落を有する。

※A小学校のひとり親家庭と外国籍児童の割合は不明。

　本稿では、低学力児童の困難の質的な差異を捉えるために、学校階層背景が異なる学校を、調査対象として選定する必要がある。そこで、西日本X市に所在し、校区背景が異なるA小学校、B小学校を調査対象として選定した（**表1**）。A小は、創立140年以上であり地域の伝統校としての歴史を持つ学校である。2016年現在で児童数が約1000名、教員数約60名の大規模校だ。就学援助対象児童が約9%であり、大部分の児童が経済的には比較的安定した家庭の出身だと言えるが、就学援助を受けている家庭の児童も1割弱在籍している。また、校区には児童養護施設Z（以下＝施設Z）があり、約3%の児童が施設Zから登校している。特別支援学級に在籍している児童は約6%おり、特別支援教室において少人数の学年混合形式で学んでいる。支援対象の児童は国語と算数は支援学級で学び、その他の教科については通常学級で学ぶことが多い。

　B小は、2015年10月の時点で全校児童数が約200名、教員数は約20名である。校区に低所得者向けの公営団地があり、通学する児童のうち、就学援助を受けている家庭から通う子どもの割合が約50%である。また、ひとり親家庭から通う子どもが約20%、特別支援学級在籍者は約6%である。本校を含むC中学校区には被差別部落があり、B小もC中との連携の中で同和教育に取り組んできた歴史を持つ。公営団地には外国人労働者も多く住み、外国籍児童が約10%在籍している。特別支援教育の文脈では、学習・行動上に困難を持つ子どもに個別的な支援や指導を行いつつも、通常の学級で他の子ども達と共に学ぶ「原学級方式」（藤田1998）での教育を行っている。このように、学校階層背

景が対照的な二校で観察される児童の困難を分析することで、子どもの学校生活上の困難を学校階層背景との関連で検討することが可能となるだろう。

　次に、本稿における「低学力児童」の基準を設定する必要がある。そのため、2015年12月にX市の特定学年の小学生2252名を対象に実施した算数の学力調査データを使用する。本調査で得られた正答率の平均値と標準偏差から正答率を標準化し、10をかけて50を加えた偏差値を算出した。そうして作成した偏差値の平均値50から1標準偏差以内のグループ（偏差値40以上から60未満）、1標準偏差以上高くなるグループ（偏差値60以上）、1標準偏差以上低くなるグループ（偏差値40未満）に3分割し、順に「学力中位層」「学力上位層」「低学力層」と名付けた。結果、低学力層として、X市全体で390名（全体の15.3%）、A小では17名（学年の約10%）、B小では16名（学年の約50%）が析出された。本稿では、以上の手続きによって析出された児童を「低学力児童」と便宜的に定義する。さらに、学校への継続的な参与観察を行い、授業についていくことができない、日常的な学習課題をこなすことができていない等、特に日常的に困難な状態に陥っていることが質的に明らかとなった児童としてA小では5名、B小では4名を本稿では取り上げた（**表2**）。

　これら2校で、2015年4月から2017年3月まで（対象児童が4年生から5年生まで）対象児童の学校生活に焦点を当てて参与観察を行い、目の前で起こる出来事を記録した。児童らの学校生活に直接的に介入することへの倫理的配慮から、児童へのインタビューは行わなかった。だが、各年度に担任教員へ児童の実態や家庭の状況について半構造化インタビュー形式での聞き取りを1時間程度行った。対象者の承諾のもと記録した音声データをもとにトランスクリプトを作成し、分析データとした。なお、本稿で登場する児童、教員、地域名等はすべて仮名であり、データの使用については学校長と管理職の許可を得ている。また低学力児童については**表2**の仮名で、その他の児童についてはカタカナ仮名を用いる。

　以下第Ⅲ節では、学力中上位層の子どもが多いA小の授業風景を示した上で、その中で低学力児童がどのような学校生活を送っているか、そしてどのような困難があるのかを分析していく。続く第Ⅳ節では、経済的背景が厳しく、低学力層の割合が高いB小の授業風景を記述し、A小と同様に低学力児童の学

低学力児童の困難は学校階層背景によっていかに異なるか 89

表2　低学力層の子どものプロフィール

学校	名前	性別	在籍学籍	支援学級入級の理由	学校の生活（担任の見立て）
A	A1	女	通常		「親がだらしない」。家庭訪問では家に物が散乱していた。友達とつながっておらず、休み時間に一人でいることが多い。グループ学習でも発言をしない。「中学生になったら浮くパターン」
A	A2	男	通常		学習に対する意欲はみられない。父親の影響でサッカーに熱心だが、学習に対しては本人も両親も重視していない。
A	A3	女	特別支援	発達遅滞が見られるという診断	児童養護施設で生活。学力は厳しい。友人関係では自分の気持ちを伝えられず、トラブルが多いが改善傾向にある。
A	A4	男	通常		幼稚で精神面も幼く友人と度々トラブルがある。学力低い。両親が共働き。近くにおばあちゃんがいる。両親が忙しく対応が難しい。両親は学校を信用していない
A	A5	男	特別支援	自閉症スペクトラムの診断	特別支援学級に在籍。テストは受けていないが、担任の見立てによると、「字も書けない」。所属組で特別支援学級に在籍している児童の中で「一番しんどい」。友人関係にも課題がある。
B	B1	女	通常		公営住宅に居住。外国にルーツをもつ児童。家庭では父親が日本語を習得しているため、宿題などの面倒を見ている。塾に通っている。
B	B2	女	通常		公営住宅に居住。兄弟が多いこともあり、家庭では経済的な厳しさを抱えている。しばしば学校納入金が支払われないこともある。物静かな児童。
B	B3	女	通常		公営住宅に居住。周りに関わっていくことを積極的にする。授業中に手を挙げる様子が見られるも、しばしば学習面で厳しさが見られる。塾と運動クラブに通っている。
B	B4	男	特別支援	自閉症の「可能性」があるという診断	新興住宅地に居住。1年生の時から特別支援学級に入級しているが、基本的に担任教師たちは通常学級で学ぶことを望んでいる。

校経験を分析していく。そして第Ⅴ節において、両校における低学力児童の困難を比較検討し、知見をまとめることとする。

Ⅲ．A小学校の低学力児童の困難

　本節では、中流家庭の子どもが大部分を占めるA小学校における、低学力児童の学校生活と、その困難について検討していく。

1．中上位層を対象とする授業・取り残される児童

　経済的に安定した中流層が集住する地域を校区に持つA小では、X市の中でも学力レベルが中上位層の児童が多数派であり、そうした児童のレベルに合わせた授業を行うことが求められている。そのため、特に高学年の学習においては、グループワークやアクティブラーニングを意識した、よりハイレベルな教育活動に取り組んでいる。5年生を担任する学年団は、国語をはじめとする様々な教科において積極的に、児童が議論や討論、発表、グループワークを行

う機会を設けている。また、電子黒板やタブレット端末などの情報機器の活用を意識して、日々の授業づくりに取り組んでいるという。

　こうした状況にあって、特別なニーズがある子ども達のサポートを担任一人で行うことは、ベテランの教員であっても難しい。5年生の担任である飯野先生は、一つの学級に40名近くの子ども達がいる中で、担任一人で低学力児童達を支えることには限界があるという。

飯野先生：（支援を行うことは）厳しいです。やっぱり問題を噛み砕いて言ってあげないとあかん。【A5】なんか字も書けないので。【A3】も前においでって言って。でもレベルが違うんですよね。【A5】にやる手立てをやってしまうと【A3】にとっては簡単すぎて、点が取れてしまうし、【A3】の手立てでいくと、【A5】はついてこれないし。今度は1対1でやったりするんですけれども、こっち行ったら、こっちが止まって。

　このように教員達は、特に特別支援学級に所属している子ども達が、通常学級の子ども達と一緒に授業やテストに取り組む際のサポートの難しさに言及する。しかし、ここで注意しなければならないのは、飯野先生が言及したのは支援学級在籍の児童のみであり、その他の低学力児童（【A1】【A2】【A4】）については、ほとんど同レベルの低学力でありながら、目立った支援は行われていなかった点である。中上位層が多数を占めるA小では、より高いレベルの授業に取り組むことが求められている。だが、より多くのニーズを持つA小の低学力児童達には、自身の学力レベルと、学校で求められる学力レベルとのギャップが大きい。そして、その差に耐えうる十分な支援体制が確保されておらず、児童達が満足な学習支援を享受することができない現状があると指摘できる。

2. 授業への不参加と友人関係からの孤立

　それでは、そうしたA小の前提条件がある中で、低学力児童達はどのような学校生活を過ごしているのだろうか。【A1】【A2】【A3】【A4】のケースから分析していきたい。

　まずは授業場面を見ていく。アメリカ大統領の広島訪問という歴史的な出来事があった翌月、5年生の国語の授業では、新聞記事を使ったグループ学習が行われていた。「新聞記者が何を伝えたいのか考えよう」が本時の目当てとし

て掲げられており、担任によって決められた3名ずつのグループで、記事に書かれた内容を読み取り話し合う活動が行われる。配布された記事のコピーは、小さな字はそのまま、漢字にもルビは振られていない。記事から情報を読み取ることそのものも、グループの課題である。筆者が児童の様子を見に行くと、【A2】がクラスの中心的存在であるユミコに注意されている。

ユミコ：【A2】！ほんまにふざけんといて！

【A2】：だって、わからへん字だらけなんやもん。

ユミコ：ほんまに嫌やわ。聞いてる？ほんま、ふざけんといて！

　違うグループに目を向けると、【A1】は、グループメンバーである児童2名が相談している中、話し合いに入ることができず、固まっている。2人が話し合っている内容以前に、2人が記事のどこを読んで話し合っているのかがわかっていない様子でもある。

ノゾミ：これって何って書いてんの？

タカシ：ええ？わからへんな。

【A1】：（まっすぐ2人を見つめたまま微動だにしない）……。

　【A1】の新聞記事は、手がつけられた痕跡がなく机に放置されており、議論している2人の様子を見つめたまま、彼らが話している箇所に目をやることもせず、固まってしまったようだ。2人はそれに構わず作業を進めており、その後も【A1】は議論に全く参加しない様子であった。このように低学力児童は、特にグループ学習など周囲との協力が必要な取り組みにおいて、孤立している状況が観察された。

　また周囲から孤立する様子は、授業時間に限らず見受けられた。先に示した対象リストからも読み取れるように、ほとんどの児童が友人関係について何らかの不安やトラブルがある。飯野先生は、友人関係のトラブルが引き起こされる原因の一つに、低学力児童が主語・述語などを適切に使い分けられないことや、語彙量が不足していることで自分の気持ちを言葉で伝えられないことがあるという。

飯野先生：【A4】は、まず主語・述語がきちんと使えないですし、低学年の時は暴れるとか、言葉で伝えることをしなくって、拗ねるとかっていう方向に（気持ちが）出てました。今（5年生になって）もトラブルはあります。彼に

困ったことがあって、「先生痛い」って言ったら、「先生が痛いの？」って。ま ずもうそういうことが順を追って言えないので、問題が起きたとしても、彼の 情報だけで解決に至るには無理です。

　個人差はあれど【A4】のように、低学力児童達は自身の気持ちや状況につ いて適切な言語表現を用いて他者とのコミュニケーションを行うことに、少な からず困難を持っている。彼らを指導する飯野先生は、そのことが友人関係の トラブルを引き起こし、解決を遅らせる要因ともなっていると解釈していた。 このように、低学力児童はテストや授業の中での学習上の困難だけでなく、友 人関係での課題をも抱えている傾向が見られた。

3.「課題のある子」としての顕在化

　それでは、こうした周囲との相互作用は、低学力児童の困難にどのような帰 結をもたらすのだろうか。【A3】の事例をもとに分析を行っていきたい。

　1学期が始まって間もない、ある晴れた日の昼休み、ブランコの周囲には1 年生が並んでいる。学校に4台しかないブランコ遊びは「20回こいだら交代」 と定められた全学年共通のルールがある。だが調査当時、そのルールが守られ ていないことが学校全体で問題となっていた。目の前のブランコには6年生の 女子児童、3年生の男子児童数名が乗っている。彼らは施設Zから通学してい る子ども達である。筆者が周囲の柵に腰掛け、ブランコを眺めていると、筆者 を教員と勘違いした1年生が、筆者に訴えかける。

ハルオ：せんせい（筆者）、これみてよ！
アイコ：20かいこいでるのに、ぜんぜんかわってくれへん。

　ブランコに乗っている子ども達は、20回以上漕いでも交代することなく遊 び続ける。しばらくすると、5年生の【A3】がブランコに向かって走ってきた。 当時、彼女は学級内で一緒に過ごす友人がおらず、昼休みになるとブランコ遊 びに加わって時間を過ごしていた。同じく施設Zから通学する彼女は、そのま ま占有メンバーの一人となった。5年生の中ではひときわ小柄な彼女も、1年 生と比べればとても大きな体躯に見える。勢いよくブランコを漕ぐ集団を傍目 に、並んでいた児童達は次第に諦めるようにその場を離れていく。ブランコの 占有は昼休み終了のチャイムが鳴るまで続いた。彼女達のこのような様子は学

校全体の「課題」として認知されている。学級に自身の居場所がなく、ブランコに惹きつけられていく【A3】は、昼休みという長時間をやり過ごす居場所を獲得することと引き換えに「課題のある子」として自らの姿を顕在化させることになっている。

　しかしながら、【A3】の担任であり、A小の人権教育担当部長でもある飯野先生は、彼女が学校で「課題のある子」として顕在化しているが故に、彼女に教育的な働きかけを行う。飯野先生は継続的に【A3】と関わる中で、次のように語りかけてきたという。

飯野先生：【A3】が「こう思ってるけども（気持ちを）言えない」とか、そういうところがあって。ただ、その不満を、あなたは先生にしか言えない。でも周り（の同級生）に話すことで、あなたっていう人間を、知ってもらうことにもなるから、そこを頑張ろうねって。

　飯野先生はトラブルが起こるたびに【A3】と同級生が話し合いをする場を持ち、彼女自身の気持ちを自分の言葉で周囲の児童に伝えるという指導を繰り返してきた。その甲斐あってか現在では「『今【A3】こんなんで困ってるから、ちょっと手伝ったってや』とか（【A3】の隣席の児童が）言って、家庭科の時に彼女の手をひいたりだとか」と、同級生との友人関係も徐々に築かれ始めているという。さらに7月中は、夏休みに行われる林間学校でのレクリエーションの練習時間として、毎回のお昼休みが当てられていた。

飯野先生：休み時間にブランコ以外で何をしてるかって言ったら、集団でキャンプに向けてのダンスをやってるんです。子ども達はそれに向かってやる中で、仲間の一員やと自分でも思っていて。リーダーの子に聞いてたら「【A3】頑張ってるから、もっと教えてあげる」って。優しく繋がれてる感じが、5年になって一層するんですよね。

　そうした変化も感じられていた夏休み直前、1学期を振りかえる感想文には、【A3】自身もキャンプのことに触れながら、楽しい学期であったと振り返り、1学期が終わってしまうことを惜しむ一方、これから訪れる学校生活を待ち望むような感想を記している。

【A3】の感想文：さいごらへんでキャンプのことでおこられた時もすごくすごくはんせいしています。だけど一学期は、たのしいことの大い（原文ママ）日

でした。すごくたのしいことが早くおわるんだなと、私は、そうおもいます。だけど、一年は、まだまだなので、しんぱいすることもありません。たのしい一学期でした。たのしかったです。

　これまで分析してきたように、A小学校の低学力児童達は学習上の困難だけでなく、友人関係での問題を抱える傾向があった。また、それに起因して引き起こされるトラブルから、彼・彼女らは「課題のある子」として学校内で顕在化する状況が観察された。その一方で、そうして顕在化された低学力児童達は「課題のある子」として認知されるが故に、教員から、課題を改善するための個別の働きかけを受けている実態が明らかとなった。

Ⅳ．B小学校の低学力児童の困難

　次に、学校階層背景が厳しい家庭の子どもの割合が高いB小学校における、低学力児童の学校生活と、その困難の実態を明らかにしていく。

1．低学力層を対象にした授業

　先述の通りB小では、学級の約半数の児童が低学力層である。そのためA小とは異なり、授業で行われる取り組みの主たるターゲットは、低学力層である。以下では、B小に在籍する児童の生活の様子や、授業の中で低学力層にフォーカスが当てられている様子を見ていく。

　2016年には全国的なインフルエンザの流行から、B小でも学級閉鎖になった期間があった。その際の家庭内での過ごし方を、【B1】は次のように振りかえる。

筆者：休みの間、何してたん？

【B1】：ずっとゲームしとった。

筆者：勉強は？

【B1】：せぇへんよ。お父さんもお母さんも仕事やし。

　【B1】の両親は共働きであり、両親が不在の間は、ゲームばかりをして過ごしているという。彼女自身の学習習慣が身についていない上、保護者もその支援ができない状況では、自主的な家庭学習はもちろん、毎日の宿題をこなすこ

とさえ難しい。B小には、このような状況にある児童が多数在籍している。

　B小の教員達の中では、日常的に「子ども達が持つ困難さを認識していこう」というコンセンサスが図られている。B小教員集団はこうした課題を前にして、宿題を学校で終わらせることができる「放課後教室」を毎日開催している。そこで子ども達は、原則として算数の宿題に取り組む。わからない部分があれば、教員や、近隣の大学から参加する学生ボランティアに質問できるようになっている。そして、全問正解した児童から帰宅できる。基本的に参加は任意だが、授業の様子や宿題の提出状況によって担任から参加を促される児童もいる。

　また、算数の授業場面では、必ず宿題の答え合わせを児童全員で行っており、前日の放課後教室で宿題をやり終えた児童は、全問正解している。宿題を「出来ないからやらない」や「やってない」という声が、教室の中で聞こえることはない。算数を担当する教員は、宿題を完成させて次の日の授業に臨ませることで、子ども達が「気持ちよく授業をスタートできるようにしている」と語る。実際にフィールドワークの最中には、低学力の子どもも最初から最後まで授業に参加できている様子が観察されていた。

　しかし、5年生になってからは特に授業の抽象度が上がるなど、低学力児童が困難を抱えることも多くなっている。【B2】は4年生の時点で「（授業内容が頭に）ぜんぜん入らない」と担任の岩本先生から表現されるほど学習面の課題を抱えていた。それは5年生になっても継続し、授業中に一人で問題に取り組む際には、たびたび手が止まる様子が観察された。

岩本先生：【B2】が一番たぶんクラスで学力はしんどい（困難がある状態）です。支援（学級）の子とか全部いれてもしんどいと思います。（中略）もう教科とか全然、算数だけとか、そんなんじゃなく、全般的にもうしんどくって。

　こうした子ども達の状態を受け、X市はB小に対して教員や支援員を数名ずつ加配している。また、地域ボランティアも積極的に受け入れている。そのためB小の教室には常時複数の「大人」が学級に入り込み、低学力児童を中心に机間巡視、声かけがなされる。多いときで5名の教師（大人）が教室に入り込み、その様相からは、支援の目が届かない範囲はないと感じるほどであった。こうした取り組みからも、B小では低学力児童に合わせた授業設計、運営がな

されていることがわかる。

2.「学びの共同体」を通した授業への参加

　このように低学力児童が高い割合で在籍するB小では、どのように授業が展開されるのか。B小の授業は隣の児童との活動である「ペア活動」、班で考える「グループ活動」をベースとして行われている。これらの活動は、学校全体で「学びの共同体」（佐藤2012）に取り組んでいることによる。B小では「子どもは子どもにしか支えられない」と考えられており、子どもを中心とした集団づくりに歴史的に取り組んできた。そして、「学びの共同体」のヴィジョンである「子ども達が学び育ち合う学校」に共感し、実践を導入するに至った。

　学びの共同体では、いわゆる一斉授業である「全体学習」、隣の児童と学び合う「ペア学習」、最後に男女混合4人グループによる「協同的学び」の3つの学習体系によって授業が構成される。B小では、これらをまとめて「学び合い」と呼んでいる。先の算数の例で言えば、宿題の丸つけが最初の全体学習にあたり、前回の授業内容の再確認という意味を持っている。また、学び合いを円滑にすすめるために、机の配置形態は、子ども同士の顔が見えやすいコの字型になっている。このように展開される授業では、児童同士での学び合いが行われる様子が見られる。

今日も算数の宿題の答え合わせをしている時に、どこをやっているのか、答えはなんなのかといったことを【B3】がわからなくなると、【B3】はすぐにアキラに尋ね、アキラもそれにすぐに応える。

　こうした授業は、子ども達がお互いに助け合うことによって成立している。子ども達の中にも学びの共同体は定着しており、その中でも特にコの字型の机配置は子ども達にとっても重要なものになっている。B小の低学力児童の中には、なにか困難にぶつかった時、自分の感情をコントロールできず泣き出したり、怒ったり、教室から飛び出したりする児童が数名存在する。しかし、飛び出した子が戻ってきた際に彼・彼女がすぐに授業に戻れるよう、岩本先生は隣の席に座る子どもに「ノート見せたってな」「段落番号振っておいて」と声がけを行い、児童らもそうした行為を自然なこととして受け入れている。子ども達は、学びの共同体の実践の中で、子ども達同士の支え-支えられる関係を築

いていくのである。

【B3】：昨日、席替えした。ここやねん。

筆者：先生の時はこんな形じゃなかったんよ。

【B3】：そしたら誰からも教えてもらわれへんやん。わからんかったら、「おわり」やん。

　子ども達の中では完全にコの字型の机配置の中で、同級生と支え合い学び合うことが受容されている。例えば【B2】は日記の中で、教室の座席の配置について「ペアの人がとなりにいるから」教室の机配置をコの字型にすることに賛成している。つまり、低学力児童達にとって自分を支援してくれる存在は、教師や学校のみならず、友人関係の中にも見出されているのである。先述の通り、B小は低所得者層を対象とした公営団地に隣接していることで、社会経済的に困難を抱えた子どもが多く在籍している。そのような学校背景を有するB小学校では、子ども達同士が支え合う関係を構築することは避けては通れない道だったのかもしれない。子ども達は、この支え合う関係の中でお互いの困難を一緒に引き受けながら学校生活を送っているのである。

3. 「課題のない子」としての透明化

　最後に、こうしたB小の教育のあり方が、低学力児童の学校生活にどのような帰結をもたらすのか、「課題のない子としての透明化」というキーワードをもとに検討する。

　特別支援学級に在籍している【B4】は、クラスの中でも特に学習面で困難を抱えることが多い。実際に、学級で彼の様子を観察していても、指示内容がよくわからず手が止まっていることが、頻繁に見受けられる。

岩本先生：【B4】とか第一に（教えに）行かないといけないのに、周りの子に手がかかるから、「ちょっと待ってね」ってなっちゃう。

この岩本先生の発言から読み取れるのは、【B4】を「特別扱い」したいのにできないという授業内での葛藤である。もちろん、特別支援学級の教員もこのクラスに入って指導することも多い。だがテスト期間などでは、支援学級の教員は他の特別支援児童のサポートに回らざるをえず、すべての時間に同じ子どもを支援することは、学校の組織体制上難しい。

そうした状況の下で、【B4】は、どのように授業中を過ごすのか。彼は、5年生時点で、2年生が習う算数や漢字の問題に取り組んでいる。そのため、通常学級で受けるテストでは、文章にルビが必要になる。しかし【B4】自身は、授業中に教師に助けを求めることは多くない。ルビを振る役割を担うのは担任教員ではなく、周囲の児童である。

【B4】の隣に座っている【B3】が、【B4】の教科書の漢字部分にふりがなをふっていく。いつものことのようで、慣れた手つきで進めていくし、【B4】も当然のことのように、それを見ている。

こうした様子は、B小の学び合う教育実践が子ども達に浸透し、機能していると捉えることもできるだろう。先にも引用した岩本先生の語りからも、他の子ども達も【B4】以上に支援が必要となる場合もあるため、【B4】に満足な支援を行えないと語っていた。こうした状況下にあって、低学力児童が周囲の児童の助けを借りて、授業中の課題を解決していくことは、教員・児童の双方にとって合理的な選択とも言える。

だが、ここで注視しなければならないのは、周囲の児童の助けを借りて、授業中の課題を解決した子ども達のもとへは、教員による直接的な支援が入りにくいということである。つまり、顕在化された困難に教員達は引きつけられてしまうため、低学力児童が自ら教員の支援を断ち切ることになってしまう可能性もある。現に筆者が今回の学力調査の点数を見ながら教員と子どもの実態を協議する中で、「こんなに（テストが）できないの」と教員が驚く子どもほど、この「学びの共同体」の中に溶け込んでいる。目の前の学習活動に積極的に取り組んでいるように教員の目には写っているが、実際にテストしてみると点数が振るわない。それは彼らが答えを写しただけの状態で学習を終了しており、定着が図られていない結果と考えられる。実際に筆者は調査期間中、子ども達が学び合いと称して答えを写し、課題を提出する場面に何度も遭遇した。B小では、低学力児童の学級内での課題は子ども達自身によってその場的に解消され、彼・彼女達自らを課題のない子として透明化させていくのである。

B小の学校階層背景による低学力児童の高い在籍率、学校体制上の制約とそれに基づき限定的なものに留まる教師からの支援、理解が追いつかない課題を授業時間内に終わらせることを望む低学力児童自身のニーズ、そして「学び合

い」と「答えを写させること」を混同する周囲の児童の存在。「課題のない子としての透明化」という現象は、こうした要因が複合的に絡み合うことで生じている。A小では学力中上位層に焦点がおかれた授業が展開されるが故に、低学力児童が落ちこぼれていく形で顕在化されていた。それに対しB小では、低学力層を焦点にした授業を展開し、かつ学びの共同体を通して低学力児童と、そうでない子ども達が協同的に問題に取り組んでいる。しかし、その中で低学力児童達は与えられた問題の解き方を身に着けないまま、刹那的に毎回の授業を切り抜けていた。その結果として自らの困難を透明化させ、低学力は改善されることがなく、学校生活は継続されていくのである。

V．まとめと考察

　本稿では、「①低学力児童達は、学校生活でどのような経験をし、いかなる困難を抱えているのか」「②そうした困難は、学校がおかれる階層背景よって、どのような差異があるのか」という二つの検討課題を明らかにするため、学校階層背景が対照的な2つの小学校を取り上げ子ども達の困難に注目してきた。本事例から得られた知見をまとめる。

　最初に、A小では学力レベルが中上位層の子どもに焦点化した教育実践が行われていた。その中で低学力児童達には、自身の学力レベルと、学校で求められる学力レベルとのギャップが存在した。また、その差に児童が耐えうるだけの支援体制が確保されておらず、十分な学習支援を享受することができない現状があった。また、そのような制約が学習上の困難、友人関係での困難を引き起こし、低学力児童達を「課題のある子」として学校内で顕在化させていた（Ⅲ節）。次に、低学力児童の割合が高いB小では、家庭背景の厳しさから十分な学習環境を有していない児童の学力面での課題が、学校全体の課題として認識されている現状があった。そのため、低学力層をメインターゲットとした授業活動がなされていた。その中で児童達は同級生のサポートを受けることで、授業への参加を果たしていた。しかし、そうした取り組みが行われることにより、低学力児童達の一部は「課題のない子」として自らを透明化させていた。その結果、低学力児童として教員に認識されず、授業中に支援を受ける機会を

自ら放棄している様子も見られた（Ⅳ節）。

　今回の調査により、低学力児童の困難は、学校の階層背景によって多様なかたちで表出されていることが明らかとなった。こうした学校階層背景による低学力児童が直面する困難の多様性は、地域差や子ども達の出身背景に基づいたマクロな学力格差言説では見落とされてきた側面である。それでは以上の知見は、いかなる学問的示唆を有するか。両校から観察された相違点と類似点に着目しながら検討する。

　第一に、これまで学力格差の是正に効果的であるとされてきた教授方法の教育効果を、学校階層背景や、子ども集団の構成比率ごとに検証していく必要性が示唆される。これまでの日本の学力研究では、一斉指導やグループ学習への取り組みが、子ども達の学力格差の縮小に一定の効果を有する教授方法であることが統計的に示されてきた。今回対象となった二つの小学校でも、その背景理由は異なるものの、グループ学習を取り入れた授業にどちらも積極的に取り組んでいた。

　しかしながら、どちらもグループ学習という教授方法を採用しながら、そこで見られた低学力児童の姿は対照的なものとなった。学力中上位層が多数派を占めるA小学校では、グループ学習の課題も難易度がより高く設定され、そうした課題への対応力が児童に求められていた。そうした環境の中で低学力児童は、求められるリテラシーやコミュニケーションに対応することに困難が生じている姿が浮き彫りになった。一方の低学力層が多数派であるB小学校では、学び合う授業づくりに取り組むことで、低学力の子ども達が授業に包摂されてはいたものの、理解の定着という面では課題も見られた。こうした実態からは、特定の教授方法の有効性を、マクロな分析のみによって一義的に主張することへの危険性が示唆される。今後は、教授方法の対象となる子ども集団を一般化して捉えるのではなく、集団の質的な差異を分析の視点に含み込んだ、より詳細な学力研究の蓄積が求められている。

　第二に、現行の学校体制上の構造的制約が、いかに低学力児童の困難を形成しているのかを明らかにする研究が必要である。今回の調査においては、学力中上位層を対象とするA小、低学力児童を対象とするB小ともに、教育実践の志向性による差異はあれど、低学力児童の特別なニーズに応えようとする教員

の存在は、共通して観察された。A小学校では、課題のある子として顕在化する児童への個別的な働きかけによって、B小では「学びの共同体」実践を軸とした、子ども達同士の関係性の構築によって、それぞれの低学力児童の困難の解決を図っていたのである。このことは、教員による集団づくりの有効性や、子ども達の学校生活は教員の働きかけによって改善されうることを示している。

　しかしながら、こうした教育活動はあくまで、「支援人数が足りない」「手が回らない」ことによって生じる低学力児童の困難に、教員が対処する形で構築された教育実践であることは指摘しておかなければならない。現行の学校体制では、学級には40名近くの児童が一斉に授業に取り組むことが当然視されている。だがA小の飯野先生が述べるように、そうした体制の中では、たとえ低学力児童が10％程度だとしても、すべての児童の個別的ニーズに応えることは、そもそも不可能に近いことがわかる。また、社会経済的背景が厳しいB小学校では、低学力児童が50％である中で、彼らの特別ニーズに応える方略として地域や学生ボランティアに頼っている現状が見出された。また、低学力児童の特別なニーズに応えたくても応えられずジレンマを感じる岩本先生の様子からは、教員数や支援員数の絶対的な不足という現行の制度的制約からも影響を受けて、低学力児童の困難は形成されていることが示唆されている。今後の研究では、児童が低学力へと落ちこぼれていくプロセスに、学校内外のどのような構造的・制度的制約が影響をもたらしているかが検討される必要があるだろう。本課題を追求することは、すべての子どものニーズに応うるうる学校制度の実現に向けた具体的方策を明らかにすることにつながるに違いない。

　最後に、今後の研究課題としで本稿の課題を示す。本稿は、特定の小学校における事例研究である。だが、学校階層背景は各学校に固有のものであり。今回取り上げた2校はその一例に過ぎない。そのため、今後は様々な学校を対象とし、低学力層の子どもの困難と特別な教育的ニーズに着目した研究を積み重ねていくことで、知見の汎用性を高めることが求められる。また、今回は紙幅の都合上、学校の階層背景のみに論点を絞って考察を行なった。しかし、子どもの困難を形成するファクターは、学校や学級の規模、学校段階など多様な要素が想定されうる。今後の研究では、こうした要因にも着目した分析を行う必

要があるだろう。

こうした限界はありながらも、学校階層背景の差異によって子ども達の困難が異なる様相を見せることを指摘した本稿は、今後の特別なニーズを有する子ども達の研究と学力研究の交差点に、一つの重要な視座を提供するものである。

付記

本稿の執筆は、西がⅢ,Ⅴ節、伊藤がⅡ,Ⅳ節を主に担当した。Ⅰ節については両者が執筆した。また、それぞれのパートは分担者の責任において書かれているが、頻繁に協議の場を持ち、全体の整合性の確保につとめた。最後に、本研究はJSPS科学研究費助成事業（研究課題：26245078）による成果である。

謝辞

本稿の執筆にあたり、関西大学の若槻健教授にご助言を賜りました。また、調査にご協力いただいたA小学校とB小学校の先生方、児童の皆さんに、記して御礼申し上げます。

参考文献

ベネッセ教育総合研究所（2008）教育格差の発生・解消に関する調査研究報告書.

藤田修（1998）普通学級での障害児教育. 明石書店.

苅谷剛彦・志水宏吉編著（2004）学力の社会学. 岩波書店.

耳塚寛明（2007）小学校学力格差に挑む：だれが学力を獲得するのか. 教育社会学研究, 80, 23-39.

鍋島祥郎（2003）効果のある学校―学力不平等を乗り越える教育. 解放出版社.

佐藤学（2012）学校を改革する. 岩波書店.

志水宏吉編著（2009）「力のある学校」の探求. 大阪大学出版会.

志水宏吉（2014）「つながり」格差が学力格差を生む. 亜紀書房.

高橋智（2004）「特別ニーズ教育」という問い―通常の教育と障害児教育における対話と協働の可能性 教育学研究, 71（1）, 95-103.

山田哲也（2004）教室の授業場面と学業達成. 学力の社会学（苅谷剛彦、志水宏吉（編））. 99-126. 岩波書店.

渡邉健治監修（2014）知的障害教育における学力問題. ジアース教育新社.

資　料

知的障害児における
中学校から特別支援学校高等部への学校移行
―リアリティショック・ポジティブサプライズを通して―

川手 さえ子
（大阪芸術大学　学生部キャンパスライフサポート室）

　本研究の目的は、中学校から特別支援学校高等部に進学した知的障害児の学
校移行について議論することである。そのために、2つの概念が導入される。
すなわち、リアリティショックとポジティブサプライズである。先行研究によ
れば、リアリティショックは肯定的転機となりうる。そしてまたポジティブサ
プライズは適応を高めることが明らかにされている。本研究では、知的障害児
が上記の2概念を経験しているかを捉えることを試みる。5名の協力者が集めら
れた（男性3名、女性2名、年齢19−20歳）。半構造化面接が行われた。面
接はKJ法と質的統合法によって分析された。その結果、4名の協力者がリアリ
ティショックと考えられる経験を報告した。また、3名の協力者がポジティブ
サプライズと考えられる経験を報告した。学校移行は、特に障害児のそれは、
否定的出来事とみなされる傾向にあった。しかしながら今回の結果は、障害児
の学校移行に、肯定的可能性があることを示す。

キーワード

学校移行　　school transition
リアリティショックとポジティブサプライズ　　Reality shock and Positive surprise
知的障害児　　children with intellectual disabilities
特別支援学校高等部　　upper secondary departments of Special Needs School
当事者視点　　children's perspective

Ⅰ．問題と目的

　従来、学校移行におけるギャップは、避けるべきものとされ、ことに障害児にとっては危機的と考えられてきた[1]。それは知的障害児についても同様である[2]。その結果、障害児の学校移行に関する多くの研究は、障害特性を踏まえた支援方法の開発に焦点が当てられてきた。

　たしかに学校移行ではギャップが生じやすく、特に発達障害児は不登校という形で反応することも多い[3]。しかし、新しい学校で学ぶことや、そこでの新しい経験は、成長のきっかけにもなるはずである。実際、障害のない児童生徒においては、学校移行が肯定的な転機になりうる[4]。そう考えれば、障害児にとっての学校移行の肯定的可能性を検討する余地はある。

　移行期におけるギャップの肯定的可能性を検討するうえで有用な概念に、リアリティショックとポジティブサプライズがある。リアリティショックとは、組織参入後に予想以下の現実に出会った場合の否定的違和感のことをさす。リアリティショックは、それ自体やそれを克服しようとすることで、成長の契機になることが示唆されている[5]。一方ポジティブサプライズとは、組織参入後に予想以上の現実に出会った場合の肯定的違和感をさす。ポジティブサプライズを経験することは、組織適応を促すことが示されている[6]。このように、この2つの概念を取り上げることは、移行期のギャップがプラスに転じうることを示す点で、学校移行に新たな側面を見出すために有用だと考えられる。

　障害児を対象とし、リアリティショックに比較的類似した現象を扱った研究に、堤（2015）がある[7]。この研究では、小学校の通常の学級から中学校の特別支援学級に進学した子どもの適応過程を調査している。ここで、子どもは進学後の学業について「（求める水準より簡単な内容であるために）もう少し難しいのがやりたかったな」と答えている。これは、期待と現実のギャップがある点で、リアリティショックを感じていたと思われる。また、移行後初めて友だちができたなど、ポジティブサプライズと思われる経験も報告されてきた[8]。これらを改めてリアリティショック・ポジティブサプライズとして捉え直すことは、障害児の学校移行研究にあらたな視点を提供すると思われる。

本研究では、特に中学校から特別支援学校高等部への移行に着目する。特別支援学校は地域の学校と学校文化が大きく異なると指摘されている[9]。そのため、地域の学校間や特別支援学校の学部間の移行より、ギャップが大きく感じられると想定できるからである。

以上を踏まえて、本稿の目的は、リアリティショックとポジティブサプライズを捉えることを通じて、中学校から特別支援学校高等部への学校移行の特徴を明らかにすることとする。特に、障害児の移行後のストレス因や、不登校児の不登校理由に挙げられる学業・教師・友人の3領域を軸に調査する[10]。

Ⅱ．方　法

1．協力者

中学校から特別支援学校に入学し、高等部卒業後3年以内の男女5名に面接を行った。卒業後3年以内としたのは、出来事を思い出すことができ、かつ一定の心理的距離をとれると思われるとの倫理的配慮からである。

協力者を次の手続きで募った。2つの障害者支援事業所の各代表者に依頼し、候補が提案された。家族と本人宛の調査依頼書[11] および同意書と質問票を各代表者を通じて配布した。これらの同意書と質問票は、封かん付封筒に入れて一旦各代表者が回収し、その後筆者に送付された。

その結果、9名の協力者を得られた。ただそのうち4名は自閉症スペクトラム障害を有していた。本稿では知的障害のみを有するものを対象とした。そのためこの4名は分析から除外した。各協力者の仮名、調査時の年齢と障害の程度等を表1にまとめた。中学校3年生時点では、全員が特別支援学級で学んで

表1　協力者一覧[12]

仮名	年齢	性別	障害程度	手帳等級	中学校で主に 学んだ学級	面接 回数
A	20	女性	中度知的障害	B1	一部	2
B	19	女性	軽度知的障害	B2	一部	2
C	20	男性	中度知的障害	B1	一部	2
D	20	男性	中度知的障害	B1	通常学級から一部	2
E	19	男性	中度知的障害	B1	全科目	1

いた。

　ここで、療育手帳における障害の程度について、対象となった地域では、B、B1、B2は中度から軽度とされている。療育手帳に記載される各個人の障害の程度は、厚生労働省の通知に基づき、各都道府県知事が定めている。通知では、程度とは、知能指数が50以下のものを重度、その他をそれ以外としている。

　なお、本研究は神戸大学大学院の研究倫理審査委員会から研究の承認を得ている。

2. 調査手続き

　前節のように家族に質問票による調査、ついで協力者に対して筆者が面接調査を行った。

　家族に対する質問票では、中学校各学年で主に学んだ学級の種類、高校入学時に家族から見て本人が違和感を持っていた様子を尋ねた。面接でその内容が本人から語られなかった場合は筆者から尋ねたが、加えて語られたことはなかった。主に学んだ学級とは、通常の学級または特別支援学級のことである。選択肢は（イ）全ての科目を通常学級で学んだ（ロ）一部の科目を通常学級で学んだ（ハ）全ての科目を特別支援学級で学んだ、から1つ選択することを求めた。

　協力者に対しては、高等部に対して「入学前に予想したこと」「入学後に驚いたこと」を尋ねた。予想について直接尋ねることで、予想と現実のギャップについてより明らかになると思われた。さらに入学後の経験についても尋ね方を変更した。先行研究では、「どのような期待をもっていましたか」および「期待とは違っていたと感じたこと」と質問していた[13]。しかし後半の問いは、今回の協力者にとっては、その障害特性から回答が困難であると考えられた。そのため今回は「入学後に驚いたこと」として尋ねた。

　以下の順に尋ねて半構造化面接を実施した[14]。まず①中学生時代の前述の3領域（友人、学業、教師）について②進路相談について③中学生のときに、高校についてなにか思っていたことがあるか、その上で3領域について思っていたこと④高校に入って「驚いたり、びっくりしたこと」があるか、その上で、友人、学業、教師について「驚いたり、びっくりしたこと」があるか。つい

で、3領域それぞれについて「あれ、とか、へえ、そうなんだと思ったこと」があるか。こう尋ねたのは、リアリティショックには、驚きに加え、意外な印象程度の感情も含まれているためである[15]。また、今回の協力者には、当事者の感嘆詞による表現の方が意図が伝わりやすいと考えた。質問項目は、先行研究をもとに筆者が設定した。また、③を尋ねた時点で、④の回答をすることも数回あった。最後に家族の質問票の内容を確認した。質問を補足するために、①～④を表現したイラストを用意し、筆者がイラストを指差しながら質問した。

面接は、4人の協力者には2回、時間の許さなかったEさんには1回行なった。2回目では、1回目で語られたことを詳しく尋ねることが中心となった。2回目に新たな内容が語られることもあった。面接の所要時間は、1回あたり30分から60分程度であった。調査期間は、2016年11月から12月までであった。

3. 分析方法

KJ法と質的統合法を参考に分析を行った。KJ法では、整理されていない様々な情報の中からボトムアップ式に新しいカテゴリを形成していく[16]。今回の調査は、事前の予想と呼応する違和感という構造はあるが、どのような違和感があるかは不明である。よって、得られた違和感のデータを類型化し、性質を捉えるには、適切と考えた。

質的統合法とは、KJ法の基本原理と技術をもとに、KJ法で詳述されなかった判断の手順と具体的手がかりを明示した方法である[17]。この特徴が今回の調査に適切と考えられたため、KJ法と合わせて参考にした。

なお本研究では、全ての分析は理論的背景および本研究の問いに照らし合わせ、筆者一人で行った。それは従来の数量的研究で用いられる妥当性の指標は、データの種類と研究目的から、今回の研究には適用できないと考えたためである。しかし、結果の妥当性を確保するために分析手順を以下に明示することとする。

具体的な手順は以下のとおりである。第1段階では、録音した面接を全て逐語録として文字化した。この際、協力者の言い迷いや沈黙は、面接の場で感じられた発言の意図を保持するために記録した。面接中の表情（笑顔や頷きな

ど）は、できる限りその場でメモに残した。そして面接後に残したメモと共に、逐語録の中に盛り込んだ。第2段階では、逐語録を順にエピソードに区分し、1つのエピソードごとにカードに転記した。その際、山浦（2012）を参考に、1つのエピソード当り「訴える内容がひとつ」になるようにした[18]。但し、協力者の以前の語り部分や筆者の質問は、それがないと意味が分からない場合に括弧書きで付記した。エピソード数は1名当り平均約27個であった。第3段階では、第2段階で得られたカードから、予想と驚きに関わるカードを抽出し、KJ法を参考に、類似したカードをグルーピングした。第4段階では、驚きに関わるカードについて、予想のうち不安と異なる現実に対する驚きを肯定的、予想のうち期待と異なる現実に対する驚きを否定的とした[19]。この際、カードそれぞれについて、それら部分的な語りをその他の部分との関連性も含めて解釈した。自ら説明的な語りをすることの少ないと思われる今回の協力者による経験は、このような手続きをもって理解できると考えた。

Ⅲ．結　果

　リアリティショックとポジティブサプライズの有無を確認した。先行研究では「参入後に予想と違ったこと」に回答を求めている。今回の調査では、協力者の障害特性から上記の問いでは回答が困難であると考え、「参入以前の予想」と「参入後に驚いたこと」の2段階に分けて尋ねるよう、改変を行った。よって回答は、「予想」と「驚き」がセットになっているもので、そのうち否定的な驚きをリアリティショック、肯定的な驚きをポジティブサプライズとした。

　ここではまず、この条件に基づいてリアリティショック・ポジティブサプライズの有無を検討する。今回この条件に当てはまる2種類の回答があった。すなわち、1つは、「予想」「驚き」ともに、尋ねられた際に回答しているもので、Cさんの語りがこれに該当した。2つは、「驚き」を尋ねられた際に、回答を補足する形で入学前の予想について語った回答である。Aさん、Dさんの語りがこれに該当した。こうした語りは「予想」と「驚き」のセットが揃っていることから、リアリティショックあるいはポジティブサプライズとした。よって、従来の定義に従えば、Aさん、Cさん、Dさんの3名がこれらの語りを語って

いた。Cさん、Dさんの2種類のそれぞれの語りを以下に示す（「　」は協力者、［　］は筆者）。

・予想を尋ねられた時に予想を回答した

【Cさん】リアリティショック：（予想）［第1希望だったところ（高等養護）］「うん…」［部活がいっぱいあるのは知ってたんだねえ］「うん…」［部活やる、って思ってたの？］「ん…部活ーはー、やりたかった。部活は、…」／［S（高等部）はこんなかなって、行く前に思ってたこと］「S…S…、えっと、Sは…、んっと…S…ウォーミングアップが、あるって…。」（驚き）「あと驚いたことは、部活が、ないところ。代わりにウォーミングアップ、っていう（活動）が、あるだけです。」／［びっくりしたことで何か話せなかったことある？］「高校はやっぱり部活がなかったことです。」

・驚きを補足する形で予想を回答した

【Dさん】ポジティブサプライズ：（驚き）「まあ、あのその、高校で友達、が、増えて、楽しかったです。」／［そんなに出来ると思ってなかった？］「いやあ、あんまり、その、なんていうやろう、人付き合いは、良い方なんですけど、なかなか、その、あんまり友だちになってくれるっていう人がいなかったんで、T（中学校）で、そんなにその、僕にその、そんな話しかけてくれる人なんて、あんまりその、いなくて、向こうの方から話しかけてくれるっていうのは嬉しかったんでー、そっから友だちが出来た、みたいな。」／「友達の家遊びに行ったり、泊まったりもしてたかな。」／（Dさんが教室に）「来たら話しかけてくれるみたいな。」（予想）［じゃあお友達がいっぱいできたっていうのが、驚いたこと］「まあ僕も、そんなにできるとは思ってなかったんで。」

　1種類めの語りを、表2の予想の語りの「尋ねられて予想を回答」に、2種類めの語りを表2の「補足して予想を語る」に示す。

　次に、上述の条件を満たさない「驚き」の語りについて検討する。これはDさんを除く4名が語っていた。今回は、次の2つの理由からこれらの語りもリ

表2 リアリティショック・ポジティブサプライズの内容

尋ねられて予想を回答

リアリティショック	【予想】［第1希望だったところ（高等養護）］うん…［部活がいっぱいあるのは知ってたんだねえ］うん…［部活やる、って思ってたの？］ん…部活一はー、やりたかった。部活は、…／［Sはこんなかなって、行く前に思ってたこと］S…S…、えっと、Sは…、んっと…S…ウォーミングアップが、あるって…。【驚き】驚いたことは、部活が、ないとこ。代わりにウォーミングアップ、ていうが、あるだけです。／［びっくりしたことで何か話せなかったことある？］高校はやっぱり部活がなかったことです。	Cさん

補足して予想を語る

ポジティブサプライズ	【予想】（寄宿舎に入る時）うん、ちょっと、家から出たくないなって感じで、家から通いたいなーって感じで、でも自立しないといかんから、自立してた。【驚き】うん。自分のことは自分でやるって感じで。楽しい。クリスマス会とか、友だちと遊んだりして。やってた。洗濯まで、ずーっと。／［洗濯すぐ出来た？］うん［すごいね。練習していったの？］練習してないけど、自動でやってくれるから洗濯は。ボタン押したらおしまいって寄宿舎（で）言われてたから。	Aさん
	【予想】（寄宿舎に入る時）いややなって思ってた。うん。初めて入った時は、なんか、どんなとこなんやろなって感じがいっぱいあって、【驚き】でも入ってみると、なんか、楽しかった。うん…家になんか土日とか帰ってて、親とかなんか、親とか、めっちゃ喋ってくれてうれしかった。	
	【予想】先生と、友達と、仲良く、できるかなあ、とか、思ったり、してたけど、／（話してみないうちは）どんな人なのかなって思ってた。【驚き】みんな面白くて、なんかびっくり／話してみると面白いなとか。	
	【予想】まあ僕も、そんなにできるとはおもってなかったんで。【驚き】高校で、友達が増えて、楽しかったです。／［そんなに出来ると思ってなかった？］いやあ、あんまり、その、なんていうやろう、人付き合いは、良い方なんですけど、なかなか、その、あんまり友だちになってくれるっていう人がいなかったんで、Tで、そんなにその、僕にその、そんな話しかけてくれる人なんて、あんまりその、いなくて、向こうの方から話しかけてくれるっていうのは嬉しかったんでー、そっから友だちが出来た、みたいな／友達の家遊びに行ったり、泊まったりもしてたかな／（自分が教室に）来たら話しかけてくれるみたいな。	Dさん
	【予想】僕その中学校の時その、何でしたっけ、その、い、い、いじめになんで、ですかね、【驚き】まあ、高校にあんまりなく、ない、なくて、『ああ、ないねんな』って思って。	
リアリティショック	【予想】（他の志望校は）街中にあった。【驚き】（学校が）山奥にあるから、びっくりした。／うん、ずーっと奥に、入ってって、めっちゃ遠かったっていうか、30分位、W駅から、歩いて行くから、めちゃ遠いし／うーん、森、森とか山とか。田舎っぽかった。／んー、学校の、風景とか歩いたときになんか思った。遠いし、田舎やなって。／んー、（自宅も）田舎やけど。変わらへんやんて、感じやった。なんでこんなとこに、なんでこんなとこに作ってんて思った。	Aさん

予想の語りなし

ポジティブサプライズ	【予想】(なし)【驚き】他は、なんか小学、高等養護は、みんな、軽い、知的障害の子ばっかやけど、高等部、高等部とか重い子も。知的障害の重い子もおって、おったから、それは、重い子いるからびっくりした。/車椅子はあんまおらんかったけど、知的の学校やから、でも色んな、やっぱりその頃は、高等部の子もあって、高等養護の子らは、軽い子ばっかりだから、なんとも思わんかったけど、普段はあんまり高等部、ああん？高等養護の子は、軽い子ばっかりだから、驚かんけど、普段接する子は軽い子ばっかりだから、なんとも思わへんかったけど、たまーに、校内交流っていうイベントで、[こうない？] 交流。っていうイベントで、小学部の子の1年生の子とか、と交流したら、やっぱりちっちゃいから可愛いと思うけど、こういう、こういう子もおるんやなって思ったりしてたし、でもそれでも楽しかったから。楽しかったは楽しかったけど、なんか、色んな障害の子がいるんやなって思った。	Bさん
リアリティショック	【予想】(なし)【驚き】なんか国語とか数学とか社会とかそれぞれに、なんか、分かれて、勉強教えてくれ、なんか分かりやすく教えてくれ、なんかそれぞれ違うんだなーって/うんー、社会とか、普通やったら、あんまり、いろんな国の勉強とか、してたけど、食べることもあるんやなってびっくりした。[食べること？] うん、なんか、グ、なんか、この国で食べ、食べられてるもの、試食してみようって感じ [えー！] えーって感じ (笑) 中国のラーメンとか、食べてた。えーほんまに、と、ほんまに食べるんて感じ。	Aさん
	【予想】(なし)【驚き】小中高の学校やから、めっちゃ多いなって思ってました。/うん、クラスが多いな、とか思いました。色んな教室があるから、広いからどこにあるのかな、とか思いました。[色んな教室って？] うん、運動機能室とか。なんか車椅子の、車椅子の人とか、重度の人がいるから、そこで訓練してる教室とかありました。/ [何を見た時に一番驚いた?] うん、なんか学校が広いなと思って。どこに行けばいいのか分かんなかった。音楽室、とか。調理室、とか、調理室とか、どこにあんのかなーとか思って。	
	【予想】(なし)【驚き】とりあえず、U (中学校) が田舎やったから、人数多いことに。まあ人数多いって言ってもひとクラス8人か9人やけど、[ひとクラス8人？] か9人やけど、やっぱり、クラス3クラスあったし、ひと学年3クラスあったし、それが3こあったし、3学年で、3クラスあるし、で、うちらの学校は、養護学校で、V (特別支援学校) はV小学部と、中学部と、高等部と、高等養護部あって…そんで、全校合わさって、全員集合したら、めっちゃ多いから、それにびっくりした。Uは全校生徒40数人しかいいひんのに、そんいっぱいおるから、びぃっくりした…。せんせも、めっちゃおるし、え！？て。目が大きくなるくらいびっくりした。	Bさん
	【予想】(なし)【驚き】驚いたことは、あ、違うわ、Sは赤グループ、と、黄色グループ、と青グループってあるんです、あるんですよ。で、僕らは、赤グループの、グループでした。でその友達も、グループは赤です。一緒でした。えーっと、黄色グループは、ええっと、ええとまあ、まあ喋れる子とか、青グループはええとあの、なんかのなんか暴れる子とか、そんなこでした。驚いたのは、/ [初め何を見た時に驚いたの] えーっとー…その…まあまあ喋れる子おとか、暴れる子おとかいたから、ちょっと、びっくりしたっていうか…。/ [高校入る前にそういう子がいると思ってなかったかな] んー…高等養護学校、まあ普通の、子、僕、僕みたいな、こういう子とか、がおるから、Sは、ちょっと違いました…。	Cさん
	【予想】(なし)【驚き】R(高等養護) は自分で帰るじゃないですか、Sは、えーと、スクールバスで、でも僕は、単独 (単独通学) で帰ったんです。	
	【予想】(なし)【驚き】給食の量が/半端なく (多くて) …/ちょっとびっくり。	
	【予想】(なし)【驚き】勉強で、パソコンで、ワードを打つんだなーとびっくり。/ん。大変だなーって…[大変な感じ？ふうん] うん。(にっこりはにかむ)] /んー。ワードを打って、疲れるなーって。	Eさん

アリティショックあるいはポジティブサプライズとした。1つには、驚きがあった以上、何らかの予想があったと考えられるからである。2つには、今回の協力者が、過去における予想を語ることが難しいと思われるためである。例を次に示す（「　」は協力者、[　]は筆者）。

【Cさん】「驚いたことは、あ、違うわ、Sは赤グループ、と、黄色グループ、と青グループってあるんです、あるんですよ。で、僕らは、赤グループの、グループでした。でその友達も、グループは赤です。一緒でした。えーっと、黄色グループは、ええっと、えっとまあ、まあまあ喋れる子とか、青グループはええとあの、なんかあのなんか暴れる子とか、そんなこでした。驚いたのは。」／[初め何を見た時に驚いたの]「えーっとー……その…まあまあ喋れる子おとか、暴れる子おとかいたから、ちょっと、びっくりしたっていうか…。」／[高校入る前にそういう子がいると思ってなかったかな]「んー…高等養護学校、まあ普通の、子、僕、僕みたいな、こういう子とか、がおるから、Sは、ちょっと違いました…。」

これらの語りを、表2の「予想の語りなし」に示す。そして、1つめの条件を満たす語りと、2つめの条件を満たす語りをともにリアリティショックあるいはポジティブサプライズとみなすなら、5名全員が、いずれかの経験を語っていたといえる。その結果、対象者が語ったリアリティショック・ポジティブサプライズは図1のように示された。

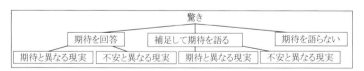

図1　リアリティショック・ポジティブサプライズの分類

表3　リアリティショック・ポジティブサプライズを語った協力者

	協力者
リアリティショック	Aさん、Bさん、Cさん、Eさん
ポジティブサプライズ	Aさん、Bさん、Dさん

リアリティショックを感じていたのは4名、ポジティブサプライズを感じていたのは3名であった。これらの結果を**表3**に示す。

IV. 考　察

　本研究の目的は、障害児の移行期の特徴を明らかにするため、リアリティショックとポジティブサプライズを捉えることであった。**表2**で確認された5名の語りから、知的障害児が学校移行期にリアリティショックあるいはポジティブサプライズを感じていたことが示された。これは、障害児の学校移行の肯定的可能性を捉える端緒を開くという点で、本研究の意義といえる。リアリティショックは、本人にポジティブな効果を生む場合もあること、ポジティブサプライズは組織適応を促すことが示唆されている。すなわち、障害児の学校移行は、障害特性からくる困難さとしてだけでなく、成長のきっかけや学校適応を促す機会としても捉えうることを示す。船橋（2014）のいうように、彼らの願いや驚きといった主体的な経験は、見落としてはいけないだろう[20]。今回は、リアリティショックやポジティブサプライズが及ぼす影響を確認することは出来なかった。また、回想であったため、現在の状況が語りに影響を与えていたと思われる。これらは、今後の課題といえる。

謝辞
　協力者、ご家族、職員の方々のご協力がなければ、本研究を進めることはできませんでした。貴重なお話を聞かせて下さったことにお礼申し上げます。神戸大学大学院赤木和重准教授には、きめ細かく的確なご指導を頂きました。どんなにありがたいか、言葉では言い尽くせません。本当に、ありがとうございました。

注
1)　中沢たえ子（2001）障害児の心の臨床 ―知的・情緒障害児とその親の心―. 岩崎学術出版社
2)　兒玉裕巳・石隈利紀（2014）軽度知的障害のある中学生の学校適応に対する援助 ―学校移行期を中心に、アセスメントとチーム援助を活用して―. 教育相談研究, 51, 13-23.
3)　齊藤万比古（2011）なぜ発達障害が不登校の原因となるのか. 齊藤万比古（編）

発達障害が引き起こす不登校へのケアとサポート．学研教育出版, pp.12-37.

4) 都筑　学（2009）中学校から高校への学校移行と時間的展望―縦断的調査にもとづく検討―．ナカニシヤ出版

5) 尾形真実哉（2012a）リアリティ・ショックが若年就業者の組織適応に与える影響の実証研究―若年ホワイトカラーと若年看護師の比較分析―．組織科学, 45(3), 49-66.

6) 尾形真実哉（2013）若年看護師の組織参入心理による組織適応状態の比較分析―リアリティ・ショック、素通り、ポジティブ・サプライズに着目して―．産業・組織心理学研究, 26(2), 155-167.

7) 堤　英俊（2015）知的障害特別支援学級への「居場所見出し」の過程―通常学級出身の生徒たちの事例から―．都留文科大學研究紀要, 81, 33-54.

8) 森　博俊（2014）「障碍と生」の経験と「自己」の働き　―特別支援学校卒業生の語りの検討―．都留文科大学大学院紀要, 18, 67-98.

9) 澤田誠二（2003）養護学校における「能力」と「平等」―教師のストラテジーと、その意図せざる帰結―．東京大学大学院教育学研究科紀要, 42, 139-147.

10) 文部科学省（2014）「不登校に関する実態調査」―平成18年度不登校生徒に関する追跡調査報告書―．www.mext.go.jp/a_menu/shotou/seitoshidou/1349949.htm（2018.8.16.確認）

11) 語りたくないことについては答えなくてよいこと、一旦協力を承諾した場合でも、いつでも中止できること、プライバシーを厳守した上で面接の記録を録音し、学術論文等として公刊することを、依頼書に記載し、かつ、面接時に口頭で伝えた。

12)「中学校で学んだ学級」の列において、「一部」は一部の科目を、「全科目」は全科目を特別支援学級で学んだことを示す。Dさんは途中で通常学級から一部の科目を特別支援学級で学ぶ形態に変わったことを示す。また、Bさんは養護学校高等部に併設された高等養護学校に在籍していたため、対象に含めている。

13) 千島雄太・水野雅之（2015）入学前の大学生活への期待と入学後の現実が大学適応に及ぼす影響．教育心理学研究, 63(3), 228-241.

14) 協力者の緊張を極力避けるため、親しみのある口調のインタビューガイドを用意した。実際には、挨拶から面接室に至るまでの状況および面接中の協力者の話しぶりに呼応させるように務めた。結果的に親しみのある口調と丁寧語とが混じり合うこととなった。

15) 半澤礼之（2007）大学生における「学業に対するリアリティショック」尺度の作成．キャリア教育研究, 25(1), 15-24.

16) 川喜田二郎（1967）発想法．中央公論社

17) 山浦晴男（2012）質的統合法入門―考え方と手順―．医学書院, p.15.

18) 同上書, p.36.

19) 尾形真実哉（2012d）リアリティ・ショック（reality shock）の概念整理. 甲南経営研究, 53(1), 85-126.

20) 船橋英彦（2015）特別支援学校高等部における教育とその課題 ―青年期教育の視点から（特集 青年期教育の課題と中等教育後の学び）―. SNEジャーナル, 21(1), 44-58.

資　料

スコットランドにおける
インクルーシブ教育の法制度的展開
―スコットランド議会発足後に注目して―

伊藤　　駿
(大阪大学大学院・日本学術振興会特別研究員)

　　本稿の目的は、スコットランドのインクルーシブ教育に着目し、その法制度的展開を明らかにすることである。スコットランドは議会発足後、全ての子どもが通常学校で学ぶメインストリーミングをインクルーシブ教育として推進してきた。結果として特殊学校の在籍者数は減少傾向にあり、一定の成果を上げていると考えられる。そこで本稿では、教育に関する法制度の展開を捉えるとともに、その現状と課題の考察を行った。研究の結果、スコットランドは議会発足後、メインストリーミングをめざすという一貫した方針を打ち出していた。その上で通常の学級で学習に困難を抱えている子どものニーズを、付加的な支援のニーズとして捉え、それまでのニーズ概念では捉えきれないニーズを持った子どもの包摂に取り組んでいた。しかしながら世界的な経済恐慌の影響などから、現在の支援体制を継続していくことへの困難に直面していることを指摘した。また、法制度の展開に対して学校現場がどのように変容していったのか、よりミクロな視点に立った研究の蓄積が必要である。

キーワード

スコットランド　Scotland

インクルーシブ教育　Inclusive Education

メインストリーミング　Mainstreaming

付加的な支援のニーズ　Additional Support Needs

Ⅰ．目的と問題の所在

　本稿の目的は、スコットランドのインクルーシブ教育の展開を法制度の側面から明らかにすることである。特にスコットランド議会が発足した1999年以降に着目する。スコットランドは連合王国（United Kingdom）を構成する一地域である。近年、連合王国からの独立を問う国民投票が行われるなど、連合王国内での独立的な動きが伺える。また日本において英国に関する教育研究は蓄積されてきたが、その多くはイングランドを対象としており、スコットランドにその知見を当てはめることは難しい（島袋2009）。

　スコットランドでは、いかにして全ての子どもの教育を通常学校で実現させることができるのか、ということがインクルーシブ教育政策の中心課題として認識されてきた（Allan 2014）。Allan（1999）は、全ての子どもの教育を通常学級で行う「メインストリーミング」[1]の様相を明らかにした。本研究では、メインストリーミングは障害児にとって教育を等しく受けるという教育権の保障となり、健常児にとっては包摂的な社会を作り上げていくための力を育む契機となっていることが指摘されている。しかしこの研究はいち早くメインストリーミングに着目した一方で、それを支える法制度が整備される以前の事例である。スコットランドは、議会発足以降メインストリーミングを全体として推進していき、実際に特殊学校（Special School）の在籍者割合は発足以降減少傾向にある[2]。言い換えるならば、スコットランドとしての方針は一定の結実を見せていると考えられる。

　また、イングランドとスコットランドにおけるインクルーシブ教育の比較検討を行っているRiddell and Weedon（2015）によれば、近年ではスコットランドとイングランドの教育の差異が強調されることが多くなった。特にイングランドが新自由主義に傾倒する一方、スコットランドは福祉を重視した政策を志向した。その結果、例えば付加的な支援のニーズ（Additional Support Needs）の導入について、イングランドがスコットランドに類する制度を打ち出し、スコットランドがイングランドを牽引している状況にあると指摘している。

　上記を踏まえると、スコットランドではメインストリーミングがインクルー

シブ教育として、推進され、その結果も良好なものとして捉えられていると言える。同時に、メインストリーミングを推進していくための教育方法学的な検討（Levy, Robb and Jindal-Snape 2017）や、子どもたちの教育達成に与える影響などの研究（Florian, Black-Hawkins and Rouse 2017）が進められている。しかしながら、その前提にある制度は自明のものとして扱われ、その展開が十分に捉えられ、検討されているとは言い難い状況にある。

　続いて、日本国内での研究に目を移すと、スコットランドのインクルーシブ教育を対象とした研究の蓄積は著しく少なく、付加的な支援のニーズについて実態を報告した古田（2015）、インクルーシブ教育の歴史を整理した伊藤（2017）に限られる。古田（2015）はスコットランドの付加的な支援のニーズについて、障害以外のニーズ判定の難しさがあり、教育的ニーズ概念のパラダイム転換後の混乱に直面していると指摘している。また伊藤（2017）はスコットランドのインクルーシブ教育は、様々なニーズの判定をしつつメインストリーミング実践に取り組んでおり、他国と比較しても独自の発展を遂げていることを指摘している。一方で、日本においてはインクルーシブ教育として障害のある子どもが通常学級で他の子どもと共に学ぶことを目指しつつも、結果として通常学級とは異なる場での教育が進行している（清水2017）。そうした中で特殊学校在籍者割合の減少に成功しているスコットランドの事例を捉えていくことは有意義であると考えられる。

II．分析対象

　本研究では、スコットランドの法制度および法制度に関する文献を研究対象とする。対象となる法制度は、Scottish Government（2017）がインクルーシブ教育に関わるものとして掲げている**表1**の通りである[3]。

III．結　果

　本節の結論をはじめに述べると、スコットランドにおけるインクルーシブ教育の法制度的展開には大きく3つの特徴が確認された。第一に議会発足直後に

スコットランドにおけるインクルーシブ教育の法制度的展開　　119

表1　本研究で分析対象とする法制度

法制度名	公布年	本稿での表記
Scotland's Schools etc. Act 2000	2000年	教育法2000
Education (Disability Strategies and Pupils' Educational Records)（Scotland）Act 2002	2002年	教育法2002
Education (Additional Support for Learning) (Scotland) Act 2004	2004年	教育法2004
Education (Additional Support for Learning) (Scotland) Act 2009	2009年	教育法2009
Equality Act 2010	2010年	平等法2010
Children and Young People Act 2014	2014年	教育法2014
the Natioanal Improvement Framework in the Education (Scotland) Act 2016	2016年	教育法2016

メインストリーミングの方針を打ち出し、その後の法制度もその前提に基づいて展開されていること。第二にメインストリーミングを進めるために、独自のニーズ概念である付加的な支援のニーズを打ち出し、そのニーズに応じた支援施策を打ち出していること。第三に学校をはじめとする教育現場において顕在化されるニーズだけでなく、近年では子どもそれぞれの背景（性自認やエスニシティなど）に関する言及も見られ、メインストリーミングの範囲を広げていることである。この結果を踏まえ、以下で具体的内容を述べていく。

1. メインストリーミングの推進：黎明期

　ブレア政権が地方分権を推し進め、1999年スコットランド議会が成立した。その後スコットランドは教育法2000を発表した。本法の15条において、それまで特殊学校での教育を推奨されていた子どもも含めて、通常学校で教育する方針が明記された。ただし、次の場合においては特殊学校に通うことが許容された（15条3項）。第一に子どもの資質・能力および適性を考慮すると、特殊学校の選択以外がないとき、第二に他の子どもたちと共に受ける教育という形式が本人の教育的ニーズと相容れないとき、第三に対象となる子どもを受け入れるための整備に莫大な公的資金が必要であるとき、である。逆に言えばこれらに該当しない場合は、原則として通常学校への就学を推進する方針が明確に示された。一方で特殊学校に通っていた子どもについては、その意向が十分反映されなければならないとされた（15条4項）。また自身が学校教育から排除されていると感じている場合、それを表明し、是正を求める権利が保護者及び当該子どもに保障されていた（41条）。

また2002年に、教育法2000の方針をより推進していくため、教育法2002が打ち出された。本法では、1条において特に障害のある子どもの学校教育へのアクセシビリティを高めるための戦略が明記された。例えば、障害のある子どもも通常学級で教育を受けられるように、従来のカリキュラム内容を拡張するというソフト面や、学校施設のバリアフリー化などのハード面に対する規定が盛り込まれた（1条2項）。また学校への物理的なアクセスだけではなく、障害のある子どもと周囲の子どもや教師とのコミュニケーションの双方向的な成立も要求されている（2条）。当然、戦略の内容は学校が置かれた状況やどのような障害への応答が優先課題となっているのかということに依存する。そのため各学校には、いかにして障害のある子どものアクセスを保障していくのかという戦略の策定と共に、学校の状況に応じた修正も求められた（1条及び3条）。

2. 独自のニーズ概念の導入：発展期

先の教育法2002では障害のある子どもを受け入れるために各学校が戦略を策定することが求められた。こうした展開を受け、子どもがどのような支援を求めているのか、つまり「ニーズ」を的確に把握していくことの必要性が学校現場に顕在化した。特に当時のスコットランドは、全英で用いられていた「特別な教育的ニーズ」概念を用いていたが、それでは十分にニーズを捉えられておらず、より積極的にニーズを判定できる概念が求められた（Moscardini 2014）。こうした流れを受け、2004年にスコットランドは、教育法2004を制定する。本法では、インクルーシブ教育を実現するために、学校現場で教育に十全にアクセスできていない子どものニーズを「付加的な支援のニーズ」として照射した。付加的な支援を、教育法2004では次のように定義している（1条）。

(a) 就学前の子ども、学齢期の子どももしくは学校教育を受ける若者に関連して、彼ら／彼女らが所属する教育を管轄する組織（Education Authority）のもとで、付加的に、もしくは通常の教育において子どもたちに提供されるものとは異なる支援。

(b) 就学前の子どもより学齢期の子どもに関して、適切な教育環境を提供すること。

(教育法2004, p.1, 筆者訳)

ここでは、他の子どもと比較して付加的もしくは異なる支援を要する場合を
「付加的な支援」と称していると考えられるが、その意味内容を捉えることは
若干難しい。そこで、この教育法2004に関する報告書から、付加的な支援に
関する定義を引用する。

　　学習への付加的な支援の法制度は、子どもおよび若者がスコットランドに
　　おいて教育を受けることや、その家族を支援する制度を支える枠組みを提
　　供するものである。この枠組のアプローチは包摂的であり、付加的な支援
　　のニーズに基づいたものである。付加的な支援のニーズとは、いかなる理
　　由であれ、期間を問わず、教育を最大限に享受するために付加的な支援を
　　要する子どもおよび若者に用いるものである。

　　　　　　　　　　　　　（Scottish Government 2012, p.12, 筆者訳, 下線は筆者による）

つまり障害だけではなく、例えば英語を母語としない子どもや特定の教科のみ
に対して強い苦手意識や困難を抱えた子どももその対象として想定されている。

　また教育法2004は全ての子どもについての学習プランを検討することを要
求しており、その中でも以下の理由から必要だと判断された子どもについて、
コーディネートされた支援計画（Co-ordinated Support Plans, 以下CSP）の策
定を学校に求めている（2条）。

　(1) この法律では、次の場合、付加的な支援を受けるために支援計画を要
　　　する。
　　(a) 子どももしくは若者の学校教育に対して教育を管轄する組織が責任
　　　　を負うとき
　　(b) 特定の子どももしくは若者が次の理由から付加的な支援のニーズを
　　　　有するとき
　　(i) 1つもしくはより複雑な要因　（ ii ）複数の要因
　　(c) 1年以上類似するニーズが続いているとき
　　(d) そのニーズが次のような場合に相当する付加的な支援を受けている
　　　　とき
　　(i) 教育を管轄する組織によって、教育に関する活動だけでなく、他
　　　　の活動においても支援を受けているとき。
　　(ii) 23（2）[4] において定められている範囲で、一つもしくは複数の

大きな機関から支援を受けているとき。

(教育法2004, pp.1-2, 筆者訳)

上記の（c）を除けば学校現場で見られる多くのケースが該当すると考えられる。つまり教育法2004の制定は、付加的な支援のニーズとCSPという2つを基軸にインクルーシブ教育の範囲を拡張させることを志向していたと言える。

　その上で、この教育法2004の内容をより精査し修正した教育法2009が発行される。本法では、教育法2004を修正する内容が盛り込まれている。例えば、先に引用した、付加的な支援に関して、教育を管轄する組織だけでなく、支援組織のマネージメントのもとで行われる支援も含まれる（1条2項）など、その適用範囲をより拡張する内容となっている。

　ここで、スコットランド政府による統計を踏まえ、付加的な支援のニーズがあると判定された子どもの人数の推移とCSPの策定割合を見ていきたい（表2）。これにより、この教育法2004及び2009がもたらした具体的な影響を確認することができ、その法制度の展開の結果の一端を捉えることが可能になるからである。

　この表2から、実際にCSPが策定されている子どもの割合は1.4%〜3.7%にとどまっており、その上減少傾向にあることがわかる。しかし、教育法2004及び2009では言及がないものの、実際には個別の支援計画（Individual Education Plan, IEP）が策定されていることが報告されている（Scottish Government 2016a）。またThe National Autistic Society（2018）において、CSPは付加的な支援のニーズの中でも特に重度なものであったり、特別な配慮を要したりする場合にのみ策定すると述べられている。つまり、付加的な支援のニーズについてはその普及が認められるものの、CSPについてはそれほど普及せず、それまでに用いられていたIEPが引き続き用いられたと考えられる。

表2　付加的な支援のニーズとコーディネートされた支援計画の策定割合

	2011年	2012年	2013年	2014年	2015年	2016年
付加的な支援のニーズがある児童生徒(人)	98,523	118,034	131,621	140,542	153,190	170,329
コーディネートされた支援計画（CSP）が策定された児童生徒(人)	3,617	3,448	3,279	3,128	2,716	2,385
CSPが策定された児童生徒の割合（%）	3.7%	2.9%	2.5%	2.2%	1.8%	1.4%

3. インクルーシブ教育の対象の拡大：拡大期

前項で見たとおり、教育法2004及び2009の導入で独自の方向性を打ち出したスコットランドであるが、その後もインクルーシブ教育に関連する新たな法制度を展開している。まず教育法2009の発表直後、平等法2010が発表される。ただし本法は、全英に適用されるものであり、また教育に関する事柄のみを扱っているわけではない。そこで、本稿では教育に関する部分と、本法を受けてスコットランド政府の関係機関が打ち出した施策を見ていく。まず平等法2010では障害だけでなく、妊娠歴、民族、宗教や信念、性別および性自認に対する差別を一切禁止した（4条）。その上で特に障害の問題については、必要とされる合理的配慮がなされなかったり、うまく機能しなかったりした場合も差別と認定されるとしている（6条）。こうした中、Equality and Human Rights Commission（2014）においては、それぞれの子どもが抱えている背景によって、学習に対する参加度に差が出たり、排除されたりすることが差別だと明示された。そして、特定の背景に起因するニーズに積極的に応答し、学習への参加度合いを高めるための「特別扱い」（Positive Action）が必要とされている。

その後、特に子ども、若者の権利保障を扱った教育法2014が発行される。教育法2014では、1条においてスコットランドの教育大臣の義務として次のことが掲げられた。

(a) 子どもの権利条約による要求に応えられるために効果的かつより良い結果を得るための方策を考え続けること。

(b) 上記の方策に基づいて、その内容を実行していくこと。

（教育法2014, p.1, 筆者訳）

この具体的な方策として、全ての子どもに対する教育計画の策定、またニーズがあると考えられた場合にはその子ども独自の教育計画（Child's Plan）の策定が学校に求められた（33条）。この独自の教育計画が策定されるのは、次の2ケースであると述べられている（33条1項）。第一に子どもがウェルビーイング[5]を達成するためのニーズを有する場合、第二に子どものニーズが従来の対応では満たされていない場合である。もし公的機関が教育計画に基づいた支援を行わない場合は、理由書を発行することが義務付けられた（34条3項）。教

育法2014では、教育法2009で定められた付加的な支援のニーズに基づいた支援ではなく、ウェルビーイングに基づいた支援が行われることが求められるようになった。言い換えるならば、平等法2010までは子どもの背景やニーズといった他者から認識される基準で支援が行われていたが、教育法2014では子どもの主観が重視されるようになったのである。

教育法2014に続いて発行されたのが、教育法2016である。本法では教育全般に関する項目が規定されているが、インクルーシブ教育に限ると国定の改善に向けたフレームワーク（National Improvement Framework）が導入された（2条）。教育大臣はこのフレームワークに基づいて、学校教育に関する報告書を毎年作成することが義務化された。同時に教育機関には、このフレームワークに基づいた教育の改善や報告が要求されることとなった。あくまでこのフレームワークは、学校教育に関する評価というよりも、スコットランド全体としての学校教育改善の枠組みとしての色合いが強く、教育大臣には報告書と同時に次年度計画も発行することが義務化された（3条）。つまり、これまでの法制度に基づく支援を行っていくことに対する説明責任が明確化されたのである。

IV．考　察

本節では得られた結果をもとに、本稿の目的であるスコットランドにおけるインクルーシブ教育の法制度的展開の様相とその課題を考察していく。まずスコットランドは議会発足後すぐに、原則として全ての子どもを通常学校で教育するメインストリーミングを推進した（教育法2000）。そこで注目されたのは障害のある子どもであり、支援体制の構築が行われた（教育法2002）。続いて注目されたのは「教育的ニーズ」のある子どもたちであった。スコットランドはそれまでの「特別な教育的ニーズ」に代わって「付加的な支援のニーズ」概念を導入した（教育法2004）。この概念は、子どもと学習場面の相互作用の中で生じる困難とそれを解消するために必要な「付加的な」支援に注目した。結果としてこの付加的な支援のニーズ概念は導入後、その適用範囲を広げ続け、多くの子どもおよび若者に対してニーズの判定とそれに対する支援を提供して

いる（教育法2009）。

　その後は性別や信条など必ずしも学校現場で困難として立ち現れているとは限らない、個人がもつ背景に焦点が当てられた。同時に障害のある人に対する合理的な配慮の欠落も差別とみなされ禁止される方針も打ち出された（平等法2010）。そして平等法2010の内容を受け学校教育における適用を示したものが教育法2014であった。教育法2014では、それまでのニーズ概念に代わり、ウェルビーイングに基づく支援を講じることが義務付けられた。つまり、これまで学習という限られた場面で、他者によって認定されていた付加的な支援のニーズが注目されたが、子どもの主観に基づいた支援の必要性に焦点が移ったのである。そしてこのような支援を提供し続けることも含めて、教育大臣に対しては報告書の発行と次年度計画の策定が義務付けられた（教育法2016）。

　これらの展開から読み取れるのは、スコットランドは全ての子どもの教育を受ける権利を通常学校の中で保障することを中心に据え、法制度を展開していることである。特に教育法2004では、それまで全英的に用いられていたニーズ概念を脱し、独自の概念に基づく支援体制の構築に舵を切ったと考えられる。この独自のニーズ概念は、時間の経過とともに認知される子どもの数が増加傾向にあることから、一定の普及が認められる。一方で、同時期に出されたCSPの普及はそれほど認められず、IEPが引き続き用いられている。こうしたことから、必ずしも以前の制度が一概に否定されているわけではなく、学校現場に適したものが用いられていることが予想される。

　スコットランドにおいては、全ての子どもを通常学校で教育するという視点が重視された結果、それぞれの子どもが通常学級で教育を受ける際に要する配慮を捉える試みが段階的に続けられてきた。その上、必要に応じて個々のニーズや背景に対する特別扱いも可能とした。これに対して例えば、日本の学校現場では、マイノリティの立場にある子どもに対して特別扱いを忌避する文化が学校にあることが指摘されてきた（志水・清水2001）。これを踏まえると、スコットランドでは通常学校での教育を実現するために、個々の子どもの差異に注目し支援を行っていくという公正性を重視した法制度の展開がなされていると考えられる。

　本稿では法制度の展開に注目し、その成果についても統計情報をもとに検討

しているため、学校現場における教員の労働環境等には言及ができていない。さらに2008年の米国投資銀行の破綻による世界的な金融恐慌の影響もあり、スコットランドにおいても教育施策に対する大幅な予算カットが行われている（Riddell and Weedon 2015）。こうした状況はこれまでに応答できていたニーズに応答しきれなくなる可能性を孕んでいると考えて良いだろう。上記のような状況の中で今後通常学級でニーズに応答していくことが困難になっていくのか、それとも、よりメインストリーミングに向かう力が強まり、包摂的な教育に向けて動くのかをここで検証することはできない。そのため本稿で明らかにした展開が学校現場にどのようなインパクトを与えたのか、というミクロな観点に立った研究が必要である。最後に本稿で扱った範囲は、既に制定された法制度の内容とその結果という展開を捉えられた一方で、制定に至るまでの議論について検討を加えることができていない。この点については別稿の課題としたい。

謝辞

　本研究の実施にあたり、スコットランド・ダンディー大学のDivya Jindal-Snape教授にご協力をいただきました。ここに記して御礼申し上げます。また本稿は科研費（特別研究員奨励費）18J10956による成果です。

注

1)　本稿では、メインストリーミングを障害のある子どもを他の子どもたちと共に通常学級で教育する実践の意で用いている。またスコットランドにおいては、インクルーシブ教育をメインストリーミングと同義のものとして扱っている（Allan 2014）が、本稿では政策に関するものについては原典に従いインクルーシブ教育と表記している。ただし先行研究においては、インテグレーションやメインストリーミングを一元的な価値観に基づく統合、インクルーシブ教育を多元的な価値観を認め合うものと扱われることもある（曽和2010）。そのため、上記のメインストリーミングの定義は本稿に限ったものである。

2)　スコットランド政府の統計によれば、2000年1.11％であった特殊学校在籍率は2006年に1％を切り（0.99％）、その後軽微な増減がありつつ、2016年時点で0.98％にある。なお後述する付加的な支援のニーズを有する子どもの割合は、2016年で24.8％であり、そのうち93.2％はすべての時間を通常学級で過ごしている（Scottish Government 2016b）。

3)　対象とした法制度はすべて、http://www.legislation.gov.uk/ を参照した。
4)　同法2004における23章(2) の意で、地方の教育機関、健康に関する機関、人々を
　　指す。
5)　ウェルビーイングとは、西 (2018) によれば「心配や不安なことがなく、幸せに
　　生活できている主観的な状態を表した概念」(p.144) と定義づけられている。

参考文献

Allan, J. (1999) *Actively Seeking Inclusion*. Routledge.

Allan, J. (2014) Inclusion for All?, in Bryce, T., Humes, W., Gillies, D., and Kennedy, A., ed., *SCOTTISH EDUCATION FORTH EDITION*, Edinburgh University Press, pp.787-795.

Equality and Human Rights Commission (2014) Technical Guidance for Schools in Scotland. Available at: https://www.equalityhumanrights.com/sites/default/files/equalityact2010-technicalguidance-schoolsinscotland-2015_0.pdf [Accessed: 15 April 2018].

古田弘子 (2015) スコットランドにおける付加的支援ニーズ概念に基づくインクルーシブ教育. 熊本大学教育実践研究, 32, 99-103.

伊藤駿 (2017) スコットランドにおける障害児教育からインクルーシブ教育への変遷. 教育文化学年報, 12, 66-74.

Levy, S., Robb, J., A., and Jindal-Snape, D. (2017) Disability, personalisation and community arts: exploring the spatial dynamics of children with disabilities participating in inclusive music classes, in *Disability and Society*, 32(2), 254-268.

Florian, L., Black-Hawking, K., and Rouse, M. (2017) *Achievement and Inclusion in Schools*, Routledge.

Moscardini, L. (2014) Additional Support Needs, in Bryce, T., Humes, W., Gillies, D., and Kennedy, A., ed., *SCOTTISH EDUCATION FORTH EDITION: REFERENDUM*, Edinburgh University Press, pp.796-808.

西徳宏 (2018) 日本の教育効果研究の再検討：ウェルビーイングの視点による探索的研究. 未来共生学, 5, 141-170.

Riddell, S., and Weedon, E. (2015) Changing legislation and its effects on inclusive and special education: Scotland, in *British Journal of Special Education*, 41(4), 363-381.

Scottish Government (2012) Supporting Children's and Young People's Learning. Available at: http://dera.ioe.ac.uk/13902/1/00387992.pdf [Accessed: 14 April 2018].

Scottish Government (2016a) High Level Summary of Statistics Trend Last update: December 2016 Additional Support Needs. Available at: http://www.gov.scot/Topics/Statistics/Browse/School-Education/TrendSpecialEducation [Accessed: 15 April 2018]

Scottish Government（2016b）Pupil census 2016 supplementary data. Available at http://www.gov.scot/Topics/Statistics/Browse/School-Education/dspupcensus/dspupcensus16 [Accessed: 14 April 2018].

Scottish Government（2017）Consultation on Excellence and Equity for All: Guidance on the Presumption of Mainstreaming.Available at: https://consult.gov.scot/supporting-learners/presumption-of-mainstreaming/user_uploads/sct04173422181.pdf [Accessed: 11 April 2018].

島袋純（2009）スコットランドの教育改革と小学校の現状―エジンバラ市ドライ小学校を訪ねて. 教育実践総合センター紀要 , 16, 103-116.

志水宏吉・清水睦美（2001）ニューカマーと教育―学校文化とエスニシティの葛藤をめぐって. 明石書店.

清水貞夫（2017）インクルーシブ教育・特別支援教育の動向と課題. 黒田学『アジア・日本のインクルーシブ教育と福祉の課題』クリエイツかもがわ, pp.92-104.

曽和信一（2010）ノーマライゼーションと社会的・教育的インクルージョン. 阿吽社.

The National Autistic Society（2018）Co-ordinated support plan（CSP）in Scotland. Available at: http://www.autism.org.uk/about/in-education/extra-help-in-school/scotland/coordinated-support.aspx [Accessed: 15 April 2018].

資　料

「知的障害児に対する特別支援学校教師の指導観」
尺度の作成とその妥当性

斎藤 遼太郎
（茨城キリスト教大学文学部／東京学芸大学大学院連合学校教育学研究科）

直井 麻衣子
（草加市教育支援室）

奥住 秀之
（東京学芸大学教育学部）

　　本研究の目的は、知的障害特別支援学校小・中学部の現職教員を対象に質問紙調査を行い、探索的因子分析によって「知的障害児に対する特別支援学校教師の指導観」の尺度の作成及び妥当性を検討することである。公立知的障害特別支援学校に勤務する教員227名を対象に、質問紙による調査を行った。その結果、「激励」「教師主導」「子ども主体・柔軟」「一貫指導」の4つの因子が抽出された。また、既存の尺度項目における得点及びセルフアンカリングスケール項目の得点との有意な相関が見られ、基準関連妥当性が確認された。さらに、「激励」「子ども主体・柔軟」「一貫指導」の3つにおいて、教員歴、担当学部、特別支援学校における教員歴の差異に応じた指導観の違いがあることが明らかになった。

キーワード

知的障害児　children with intellectual disabilities

指導観　perspectives of instruction

質問紙　questionnaire

妥当性　validity

Ⅰ．はじめに

　知的障害（知的能力障害）とは、DSM-5によれば「発達期に発症し、概念的、社会的、および実用的な領域における知的機能と適応機能両面の欠陥を含む障害」と定義されている。また、知的障害の程度は軽度から重度まで様々であり、知的障害者が示す困難も、食事や衣服の着脱、排泄などの日常的な動作から、コミュニケーションなど、多岐にわたる。

　上記のように、知的障害児が示す困難は多様であるため、それに応じて関わり手の対応も多様なものとなることが考えられる。そして、知的障害児・者支援において、教育者や支援者は、知的障害児・者本人が主体となるような関わり方が重視されることが報告されている（加納，2012; 手島，2002）。また、教育の面では、教師が子ども観や指導観について、どのように考え、捉えているか、その子どもに対する教師の態度や教師生徒関係が、子どもの様々な側面に影響を与えることが報告されている（遠山，2005）。このように、知的障害児・者と教育者・支援者との関わりにおける教育者・支援者の態度の重要性が確認されている一方で、教育者や支援者の態度をその因子構造と共に扱った研究の数は少ないのが現状である。尺度を作成し、知的障害児に対する教師の態度の因子構造を明らかにすることで、実証的データに基づく知的障害教育の在り方を検討することができる。

　ただし、定型発達児に関する研究はいくつか見られている。そして、発達段階や調査対象者により指導観が異なることが明らかになっている。まず、発達段階に視点を向けてみると、就学前の子どもを指導対象として想定した研究では、「教師中心」や「知育・指導方針重視」など教師が中心となり指導することを表す因子と、「子ども中心」や「こども主体」など子どもを中心に指導することを表す因子の双方が報告されている（梶田・後藤・吉田，1985; 米澤2008）。学齢期の子どもを指導対象として想定した場合には、「受容」因子や教師からの働きかけを示す「要求」や「統制」といった因子が報告されている（嶋野，2008; 遠山，2005）。

　次に、調査対象者に視点を向けてみると、特別支援学校教諭免許状の有無、

指導を担当する学部、教育経験のある障害種などの差異に応じて意識の違いが見られることや（伴・藤野，2011）、大学生と現職教師で理想的教師像に違いが見られることが明らかにされている（豊田・三木，1996）。以上から、子どもに接した年数（教員歴）や教員経験が、教師の指導観やそれに類する教育価値観に影響を及ぼすことが考えられる。また、現職の教師に聞いたものではないが、教員養成系の大学に通う大学生に対し「知的障害児に対する教師の指導観」を尋ねた研究では（斎藤・直井・奥住，2017）、「柔軟」「教師主導」「激励」「賞賛」の4つの因子が見出され、特別支援学校教諭免許状を取得予定の者は、そうでない者よりも知的障害児に対し柔軟に指導すべきだと考えること、学年が低いほど教師主導で激励しながら指導すべきだと考えていることが報告されている。

　本研究では、知的障害特別支援学校小・中学部の教員を対象に質問紙調査を行い、探索的因子分析によって「知的障害児に対する特別支援学校教師の指導観」尺度の作成と妥当性を検討する。そしてその結果から、知的障害児に対する特別支援学校教師の指導観の特徴及び影響する要因についての検討を行い、指導対象を知的障害児に絞った指導理念を明らかにする。その際、斎藤ら（2017）が作成した「知的障害児に対する教師の指導観」を用いる。この質問紙は、対象は教員養成系の学生だが、類似した目的の下、複数の既存尺度を参考に作られた質問紙であり、斎藤ら（2017）により、その内容的妥当性が検討されている。一方で、基準関連妥当性の検討は不十分であるため、本研究では、その基準関連妥当性を検討するとともに、学生と現職教員で構成される因子の差異も併せて検討する。本研究においては、「指導観」とは「教師個人の指導に対する考えや、実際の指導の際の態度や行動を含む総合的な概念」であると定義する。

Ⅱ．方　法

1．調査対象

　調査協力の承諾が得られた公立知的障害特別支援学校に勤務する教員227名を対象に、質問紙による調査を行った。対象とした学校は4校で、小学部と中

学部の2学部のみが設置されている学校である。回収数は183部（回収率80.6%）であり、回収された183部のうち、無回答や複数回答といった不備がない125部（有効回答率55.1%）を分析の対象とした。

2．調査方法・調査時期および内容

調査は、自記・無記名式質問紙にて実施した。質問紙の配布は、調査を依頼した学校の希望に応じて、郵送委託法または直接学校に訪問し、集団での持ち帰り回答で実施した。回収についても同様である。2015年10月から配布を開始し、同年11月中旬までを回収期間とした。

質問紙は、斎藤ら（2017）で作成された「知的障害児に対する教師の指導観」を用いた。これは、梶田ら（1985）の保育者の指導論に関する項目、遠山（2005）の教師の威厳ある指導態度尺度の項目、米澤（2008）の教師の指導方針尺度の項目を参考に作成されたものであり、30項目から成る質問紙である。回答における選択肢は、「1：まったくあてはまらない」から「4：とてもあてはまる」の、肯定的に答えるほど得点が高くなるように設定した4件法である。なお、回答の際には「あなたが担当する学部の知的障害のある子どもに対する理想とする指導を想定して」回答するよう求めた。また、質問紙の1枚目には、教員の基本的属性について、年齢、性別、教員歴、これまでに指導を担当した子どもの障害種、特別支援学校教諭免許状の有無、現在指導を担当している学部についてたずねる回答欄を設けた。

本研究では、作成した「知的障害児に対する特別支援学校教師の指導観尺度」の基準関連妥当性を検討するために、20の項目を用いた。既存の尺度から、遠山（2005）が作成した「教師の威厳ある指導態度尺度」3因子（受容、心理的自律性の尊重、統制）のうち、各因子につき4項目ずつ精選した12項目と、米澤（2008）が作成した「教師の教育方針尺度」の中の1因子である知育・指導方針重視因子のうち4項目を使用した。また、セルフアンカリングスケールとして、斎藤ら（2017）において抽出された「柔軟」「教師主導」「激励」「賞賛」の4因子を参考に、それぞれの単語を含む、「教師は、子どもに対して柔軟に指導するべきである」「教師は、子どもに対して教師主導で指導するべきである」「教師は、子どもを激励しながら指導するべきである」「教師は、子

どもを賞賛しながら指導するべきである」の4項目を加えた。

3. 分析

「知的障害児に対する特別支援学校教師の指導観」の因子構造を探るため、30の項目について、主因子法、プロマックス回転による、探索的因子分析を行う。そして因子分析によって抽出された因子について、各因子の合計点（尺度得点）と、教員の性別、教員歴、特別支援学校における教員歴、特別支援学校教諭免許状の有無、指導経験のある障害種、担当学部との関連を検討する。また各因子を従属変数、教員の属性を独立変数とする重回帰分析を行う。

さらに、作成した「知的障害児に対する特別支援学校教師の指導観尺度」の基準関連妥当性を検討するため、今回作成した尺度における各尺度の得点と、「教師の威厳ある指導態度尺度」（遠山，2005）得点、「教師の教育方針尺度」（米澤，2008）得点との相関、及び「知的障害児に対する特別支援学校教師の指導観尺度」得点と、セルフアンカリングスケールの得点との相関を算出し検討する。統計ソフトはSPSS ver24を用いた。

Ⅲ. 結 果

1. 調査対象の属性について

表1は調査対象となった125名の性別、特別支援学校教諭免許状の取得状況、指導経験のある障害種、担当学部についての度数と百分率を表したものである。年齢については、平均年齢38.3歳、標準偏差9.9歳であった。教員歴については、平均12.6年、標準偏差9.7年であった。その中でも特別支援学校における教員歴は、平均10.5年、標準偏差9.4年であった。性別については、男性が44名、女性が81名であった。特別支援学校教諭免許状の取得状況については、保有している者が90名、保有していない者が35名であった。指導経験のある障害種については、知的障害が125名、視覚障害が2名、聴覚障害が8名、肢体不自由が46名、病弱が4名であり、知的障害のある子どもにのみ指導経験のある者が71名、知的障害以外の障害種においても指導経験のある者が54名であった。現在担当している学部については、小学部が80名、中学部が

表1　調査対象の属性（人数N及び％を示した）

		N	%
性別	男性	44	35.2
	女性	81	64.8
	合計	125	100.0
特別支援学校教諭免許状の取得状況	保有している	90	72.0
	保有していない	35	28.0
	合計	125	100.0
指導経験のある障害種	知的障害	125	100.0
	視覚障害	2	1.6
	聴覚障害	8	6.4
	肢体不自由	46	36.8
	病弱	4	3.2
知的障害のある子ども以外の指導経験	あり	54	43.2
	なし	71	56.8
	合計	125	100.0
現在担当している学部	小学部	80	64.0
	中学部	45	36.0
	合計	125	100.0

45名であった。

2．知的障害児に対する特別支援学校教師の指導観の因子構造

　知的障害児に対する特別支援学校教師の指導観の因子構造を検討するために、30の項目を用いた。まず、各項目における得点の度数分布を見て、天井効果・床効果の見られる項目を削除した。次に、主因子法、プロマックス回転による探索的因子分析を行った。結果を検討し、共通性・因子負荷量の低い項目、複数の因子において高い負荷量を示した項目を削除した。また、2項目以下で1因子を構成している因子については、解釈不能として削除した。その結果、15項目で4因子が抽出された（表2）。

　それぞれの因子について見ていくと、第1因子は4項目から構成され、「教師は、子どもをしかって伸ばすことが大切である」や「教師は、子どものやる気を引き出すためにしかることが必要である」など、子どもを激励しながら指導

表2 知的障害児に対する特別支援学校教師の指導観の因子構造
（主因子法・プロマックス回転）

項目	因子				共通性
	激励	教師主導	子ども主体・柔軟	一貫指導	
教師は、子どもをしかって伸ばすことが大切である	.81	-.15	-.04	.08	.63
教師は、子どものやる気を引き出すためにしかることが必要である	.70	.01	-.01	.01	.50
教師は、子どもの活動に積極的に介入するべきである	.61	.15	.01	-.09	.42
教師は、子どもが失敗を繰り返さないために、しかるべきである	.60	.07	.10	.10	.41
教師は、子どもの活動を主導するべきである	-.10	.75	.12	-.17	.47
教師は、子どもの指導方針を容易に変えるべきではない	-.13	.56	-.21	.33	.57
教師は、子どもがよい結果を出すために多くを助けるべきである	.38	.54	-.05	-.09	.47
教師は、率先して子どもの活動を組み立てるべきである	.05	.54	.11	.11	.40
教師は、個々の子どものペースに応じて指導するべきである	-.09	.17	.71	.01	.52
教師は、臨機応変に指導計画を変更しながら指導するべきである	.01	-.02	.54	-.09	.29
教師は、子どもの目線に立って活動を設定すべきである	-.04	-.15	.52	.24	.39
教師は、個々の子どもの個性に応じて、対応を変える必要がある	.01	.05	.50	.01	.25
教師は、いけないことは「いけない」とはっきり教えるべきである	-.02	-.13	.05	.67	.41
教師は、ささいなことでもきちんと子どもをしかる必要がある	.15	.11	.01	.59	.52
教師は、信念を曲げずに指導するべきである	.06	.11	.03	.54	.40
因子寄与率	2.94	2.32	1.54	2.35	
α係数	.77	.71	.66	.67	
因子間相関　　　　　激励	—				
教師主導	.46	—			
子ども主体・柔軟	.06	.01	—		
一貫指導	.50	.35	.28	—	

する様子を表す項目が多く見られた。よって、第1因子を「激励因子」と命名
した。第2因子は4項目から構成され、「教師は、子どもの活動を主導するべき
である」や「教師は、子どもの指導方針を容易に変えるべきではない」など、
教師主導で指導する様子を表す項目が多く見られた。よって、第2因子を「教
師主導因子」と命名した。第3因子は4項目から構成され、「教師は、個々の子
どものペースに応じて指導するべきである」や「教師は、臨機応変に指導計画
を変更しながら指導するべきである」など、子どもの主体性を重視しつつ柔軟
に指導をする様子を表す項目が多く見られた。よって、第3因子を「子ども主
体・柔軟因子」と命名した。第4因子は3項目から構成され、「教師は、いけな
いことはいけないとはっきり教えるべきである」や「教師は、ささいなことで
もきちんと子どもをしかる必要がある」など、一貫した態度で子どもを指導す
る様子を表す項目が多く見られた。よって、第4因子を「一貫指導因子」と命

名した。因子間相関については、激励因子と教師主導因子の相関係数が.46、激励因子と一貫指導因子の相関係数が.50と高かった。各尺度についてCronbachのα係数を算出した結果、第1因子が.77、第2因子が.71、第3因子が.66、第4因子が.67であった。

3．基準関連妥当性の検討

因子分析によって抽出された因子について、それぞれの項目の合計得点を各因子の得点とした。今回作成した「知的障害児に対する特別支援学校教師の指導観尺度」における、各因子の基準関連妥当性を検討するために、既存の尺度である「教師の威厳ある指導態度尺度」（遠山，2005）の受容因子、心理的自律性の尊重因子、統制因子の項目と、米澤（2008）の「教師の教育方針尺度」の中の知育・指導方針重視因子の項目の得点を用い、本研究で作成した尺度の激励因子、子ども主体・柔軟因子、一貫指導因子の得点について、Pearsonの積率相関係数を求めた（表3）。なお、教師主導因子については、今回の調査で用いた既存の尺度から引用した項目の中に、妥当性の検討に適切だと思われるものがなかったため、既存の尺度による基準関連妥当性の検討は行わなかった。

まず、激励因子について、遠山（2005）の統制因子の得点との相関を算出した結果、1％水準で有意な相関が得られた。次に、子ども主体・柔軟因子につ

表3 知的障害児に対する特別支援学校教師の指導観尺度と既存の尺度の得点の相関

知的障害児に対する 特別支援学校教師の指導観尺度	既存の尺度	相関係数
激励	統制 （遠山，2005）	.337**
教師主導	－	－
子ども主体・柔軟	受容 （遠山，2005）	.360**
	心理的自律性の尊重 （遠山，2005）	.350**
一貫指導	知育・指導方針重視 （米澤，2008）	.226*

**p<.01　*p<.05

表4 知的障害児に対する特別支援学校教師の指導観尺度と
セルフアンカリングスケール項目の得点の相関

知的障害児に対する 特別支援学校教師の指導観尺度	セルフアンカリングスケール	相関係数
激励	「教師は、子どもを 激励しながら指導するべきである」	.188*
教師主導	「教師は、子どもに対して 教師主導で指導するべきである」	.495**
子ども主体・柔軟	「教師は、子どもに対して 柔軟に指導するべきである」	.455**
一貫指導	—	—

**p<.01 *p<.05

いて、遠山（2005）の受容因子、心理的自律性の尊重因子の得点との相関を算
出した結果、どちらも1％水準で有意な相関が得られた。また、一貫指導因子
について、米澤（2008）の知育・指導方針重視因子の得点との相関を、算出し
た結果、5％水準で有意な相関が得られた。以上より、激励因子、子ども主体・
柔軟因子、一貫指導因子における基準関連妥当性が確認された。

次に、今回作成した「知的障害児に対する特別支援学校教師の指導観尺度」
における各因子の基準関連妥当性を検討するために、セルフアンカリングス
ケールを行った。そして、セルフアンカリングスケールとして用いた4項目の
回答結果と、今回作成した尺度の激励因子、教師主導因子、子ども主体・柔軟
因子の得点について、Pearsonの積率相関係数を算出した（**表4**）。結果、激励
因子、教師主導因子、子ども主体・柔軟因子のそれぞれにおいて有意な相関が
得られ、基準関連妥当性が確認された（それぞれp<.05, p<.01, p<.01）。なお、
セルフアンカリングスケールの1項目として設けた、「賞賛」のキーワードを
含む「教師は、子どもを賞賛しながら指導するべきである」という項目は、因
子分析の結果、賞賛を要素とする因子が抽出されなかったため、今回は分析の
対象から外した。

４．4つの因子と教員の属性との関連の検討

因子分析の結果抽出された「激励」「教師主導」「子ども主体・柔軟」「一貫
指導」の4つの因子について、それぞれの項目の合計点を求めた。そして、こ

の4因子と性別、教員歴、特別支援学校における教員歴、特別支援学校教諭免許状の有無、指導経験のある障害種、現在担当している学部との関連を検討するために、4因子それぞれを従属変数、先述の6つの属性を独立変数とする重回帰分析（ステップワイズ法）を行った。性別については、男性に0を、女性に1を与えた。特別支援学校教諭免許状の有無については、持っていない者に0を、持っている者に1を与えた。指導経験のある障害種については、知的障害児にのみ指導経験がある者に0を、それ以外の障害種の子どもにも指導経験がある者に1を与えた。現在担当している学部については、小学部に1を、中学部に2を与えた。

　表5は、4つの因子と6つの独立変数の重回帰分析の結果をまとめたものであり、標準偏回帰係数（β）と重相関係数（R）を示した。結果、激励因子、子ども主体・柔軟因子、一貫指導因子についてモデルが有意であった。除外されなかった独立変数の標準偏回帰係数をみると、激励因子では、教員歴が5%水準で有意であり、教員歴が短いほど、子どもに対して激励しながらの指導を想定することが示された。子ども主体・柔軟因子では、担当学部が5%水準で有意であり、小学部を担当する教員ほど、子どもを主体とした柔軟な指導を想定していることが示された。一貫指導因子では、特別支援学校における教員歴が1%水準で有意であり、特別支援学校における教員歴が短い教員ほど一貫した指導を想定することが示された。教師主導因子については、取り上げた6つの独立変数ではモデルは有意にならなかった。

表5　各因子と6つの独立変数との関係（ステップワイズ重回帰分析の結果）

変数	標準偏回帰係数（β）			
	激励	教師主導	子ども主体・柔軟	一貫指導
性別（男0, 女1）	-	-	-	-
教員歴	-.19*	-	-	-
特別支援学校における教員歴	-	-	-	-.26**
特別支援学校教諭免許状の有無（無0, 有1）	-	-	-	-
指導経験のある障害種（知的のみ0, それ以外もあり1）	-	-	-	-
担当学部（小学部1, 中学部2）	-	-	-.22*	-
重相関係数（R）	.19*	-	.22*	.26**

**p<.01　*p<.05

Ⅳ. 考 察

　本研究では、知的障害特別支援学校教師を対象に、知的障害児に対する教師の指導観の特徴を明らかにし、「知的障害児に対する特別支援学校教師の指導観尺度」の作成を試みた。

　まず、指導観の因子構造について検討を行った。そして本研究において、知的障害児に対する特別支援学校教師の指導観は、「激励」「教師主導」「子ども主体・柔軟」「一貫指導」の4因子構造であるという結果が示された。先行研究において、梶田ら（1985）は、保育者の指導態度を「教師中心－子ども中心」「成果重視－過程重視」「まとまり重視－個性重視」「男女区別－男女平等」の4対の因子として捉えた。本研究の結果と比較すると、教師主導で指導することを表す因子と、子どもを中心に据えて指導することを表す因子が共通してみられることがわかる。このことから、就学前の子どもに対する教師の指導観と知的障害児に対する教師の指導観は類似していることが推察される。また、斎藤ら（2017）は大学生に対し、同様の質問紙を用いて、「柔軟」「教師主導」「激励」「賞賛」の4因子構造であるという結果を示している。現職教師を対象とした本研究と比較すると、「激励」「教師主導」「柔軟」は同様だが、「一貫指導」は大学生には見られず、代わりに「賞賛」因子が含まれている。知的障害児教育の現場では、個別の教育支援計画や個別の指導計画で一貫した計画を立てることが多い。そうした経験が「一貫指導」因子の抽出に影響した可能性が推察される。また、因子分析の過程で天井効果の見られる項目を削除した際に、賞賛を表す項目が多く削除された。障害児に対する教育において、ほめることの大切さは多くの実践研究で言われていることである（林・長，2001; 小笠原，2001）。知的障害児教育の現場において「ほめる」ことが重視され、ほとんどの教師が実践していたために、因子として「賞賛」は抽出されなかった可能性がある。

　次に、「知的障害児に対する特別支援学校教師の指導観尺度」の妥当性を検討するために、本尺度における各因子の得点と、既存の尺度項目における得点及びセルフアンカリングスケール項目の得点との相関を求めた。その結果、全

ての因子において有意な相関がみられ、基準関連妥当性が確認された。妥当性検討のために用いた、教師の威厳ある指導態度尺度（遠山，2005）と教師の教育方針尺度（米澤，2008）については、それぞれの研究において内容的妥当性の検討がなされている。したがって、知的障害児に対する教師の指導観は、本研究で作成した尺度の下位概念である「激励」「教師主導」「子ども主体・柔軟」「一貫指導」の4つの下位尺度から測ることが可能だと考えられるだろう。

　因子分析によって抽出された「激励」「教師主導」「子ども主体・柔軟」「一貫指導」の4つの因子と教員の属性との関連を検討した結果、「激励」「子ども主体・柔軟」「一貫指導」の3つにおいて、教員歴、担当学部、特別支援学校における教員歴で、有意差が見られた。教員歴との関連では、教員歴が短い教員ほど子どもに対して激励しながら指導するべきだと考えていることが示された。先行研究において、現職教師と教育実習生を比較すると、教育実習生は子どもを叱る際の演出スキルが不足しているとされている（細谷・松村，2012）。教員歴が短いといっても教育実習生と現職の教員は異なるが、教育者としての経験が浅い、という点では共通する部分も多くあるだろう。よって、教員歴が短い教員は、子どもを叱るなど激励しながらの指導の必要性を感じている一方で、実際にはそのような指導が十分にはできていないため、教員歴が短い教員ほど子どもを激励しながら指導すべきだと考えているという結果が示されたのではないかと考える。

　担当学部との関連では、小学部を担当する教員は子どもを主体とした柔軟な指導をすべきだと考えていることが示された。伴・藤野（2011）の研究においても、小学部の教員と高等部の教員において意識の差が見られており、この結果に関して、小学部から特別支援学校に入学する子どもたちは比較的障害が重いのに対し、学部が上がるにつれ、通常の学校の特別支援学級から特別支援学校へと入ってくるような比較的障害の軽い子どもたちも増えてくるためではないかと考察している。このように、学部によって子どもの障害の程度が異なることにより、教師の指導観が学部によって異なったと考えられる。

　特別支援学校における教員歴との関連では、特別支援学校における教員歴が短い教員ほど、一貫した指導をすべきだと考えていることが示された。山本・都築（2007）は、特殊学級での指導経験がない教師は、指導経験のある教師に

比べて、いわゆる軽度の発達障害児への指導の際に、他の子と区別しないようにしたり対象児にがまんをさせたりすることがあるのに対し、特殊学級での指導経験がある教師は、学習環境を整える際に、発達障害児の特性を考慮した環境づくりをする傾向があると報告している。以上のことから、対象とする障害は異なるものの、障害児を指導した経験が豊富な教師は個人の実態に応じた指導を想定し、障害児の指導経験が少ない教師は他の子と区別しないなど一貫した指導を想定する傾向があるということが推察される。

　本研究で作成した尺度の実用における今後の課題として、信頼性の検討が十分ではないことがある。本研究では、Chronbachのα係数を算出することによって尺度の信頼性を求めたが、その数値はやや低いものであった。また、再検査も実施していないため、十分な信頼性を検討できたとはいえないだろう。今後、再度、知的障害特別支援学校の教員を対象に調査を実施し、同様の因子構造が確認できるかどうかを検証する必要がある。

　また、質問紙の回収率は80.6％であったにもかかわらず、有効回答率は55.1％と約半数であった。本質問紙は、「あなたが担当する学部の知的障害のある子どもに対する指導を想定し」と教示したが、障害の特性上、子どもの様子は非常に多様であり、そのため回答しづらいとして無回答のものが見られた。したがって、知的障害児に対する教師の指導観尺度をより実用的かつ利用しやすい尺度にするためには、回答の際に想定する子どもをさらに限定するなどの工夫が必要であろう。

付記

　調査にご協力いただきました学校及び教員の皆様に感謝申し上げます。本研究の一部は、文部科学省科学研究費補助金（基盤研究 (c)　研究代表者：奥住秀之　課題番号17K01628）により行われた。

文献

伴光明・藤野博（2011）特別支援学校（知的障害）教員のコミュニケーション指導に関する意識調査. 特殊教育学研究, 49, 31-39.

米国精神医学会（APA）編日本精神神経学会日本語版用語監修髙橋三郎・大野裕監訳（2014 日本語版 DSM-5 精神疾患の診断・統計マニュアル第 1 版第 1 刷, 医学書院.

林幸寿枝・長和彦（2001）自信をもつことを目指したかかわり─共に遊ぶこととほめ

ることを大切にして一．情緒障害教育研究紀要, 20, 217-222.

細谷里香・松村京子（2012）児童と関わるときの教育実習生の情動能力：優れた教師との比較．発達心理学研究, 23, 331-342.

梶田正巳・後藤宗理・吉田直子（1985）保育者の「個人レベルの指導論（PTT）」の研究―幼稚園と保育園の特徴―．名古屋大學教育學部紀要　教育心理学科, 32, 173-200.

加納佳晃（2012）子どもの思いに沿って作り上げる遊びの実践報告．福井大学教育実践研究, 37, 69-77.

小笠原智（2001）ほめることを通した特殊学級経営：みんなのびのびあくしゅ（信頼）とはくしゅ（感動）．情緒障害教育研究紀要, 20, 69-76.

斎藤遼太郎・直井麻衣子・奥住秀之（2017）知的障害児に対する「教師の指導観」に関する研究―教員養成系大学の学生への質問紙調査から―．SNE ジャーナル, 23, 148-160.

嶋野重行（2008）教師の指導態度に関する研究―AD 尺度の追試的研究―．盛岡大学短期大学部紀要, 18, 43-55.

手島由紀子（2002）知的障害児教育における自己決定に関わる実践の検討．日本教育方法学会紀要教育方法学研究, 28, 153-162.

遠山孝司（2005）回想的な方法による親と教師の威厳ある養育・指導態度尺度の作成．東海心理学研究, 1, 21-29.

豊田弘司・三木馨（1996）理想的教師像における大学生と教師の違い．奈良教育大学教育研究所紀要, 32, 133-136.

山本憲子・都築繁幸（2007）特別支援教育に対する小学校教師の意識に関する一考察（3）．愛知教育大学教育実践総合センター紀要, 10, 229-236.

米澤好文（2008）幼児の認知活動特性・学習発達到達度・人間関係特性尺度と教師，親の教育方針態度尺度・子育てこども観・指導方針尺度の作成．和歌山大学教育学部教育実践総合センター紀要, 18, 69-78.

報　告

都道府県及び政令指定都市教育委員会による
特別支援学校のセンター的機能の
推進に関する実態及び意識調査

石橋 由紀子
（兵庫教育大学大学院　特別支援教育専攻）

谷　芳恵
（神戸大学大学院　人間発達環境学研究科）

吉利 宗久
（岡山大学大学院　教育学研究科　特別支援教育講座）

Ⅰ. 問題と目的

　2007年の学校教育法一部改正により、特別支援学校が地域の特別支援教育に関するセンター的機能を発揮することとされた。さらに、中央教育審議会初等中等教育分科会が取りまとめた「共生社会の形成に向けたインクルーシブ教育システム構築のための特別支援教育の推進（報告）」(2012年。以下「中教審報告」とする）では、特別支援学校が「今後、域内の教育資源の組合せ（スクールクラスター）の中でコーディネーター機能を発揮」し、「インクルーシブ教育システムの中で重要な役割を果たすことが求められる」とされ、「特別

キーワード

特別支援学校　　Special Needs Schools

センター的機能　　Local Special Education Center

都道府県及び政令指定都市教育委員　　Boards of Education

調査研究　　Survey Analysis

支援学校のセンター的機能を支援する仕組みを各都道府県において整備」する必要性が記述された。つまり、特別支援学校のセンター的機能の実施を各特別支援学校にのみ委ねるのではなく、センター的機能がさらに充実し効果的に活用されるための仕組みを都道府県単位で整備することの必要が述べられており、特別支援学校を管理する都道府県教育委員会の役割は大きいと言えよう。

　センター的機能の取組に関する調査を見ると、センター的機能を実施するための校内組織は概ね整備され（文部科学省 2017a）、地域からの派遣要請・相談の機能は定着・安定した段階であろうと推察される（出口 2017）。つまり、特別支援学校内でセンター的機能を行うための校内体制が整い、地域からの支援要請に対応している現状が伺われる（井上・井澤 2015）。

　ただ、インクルーシブ教育システムの構築が謳われる中で、これまでのセンター的機能の仕組みや人員配置で対応しきれるのだろうか。平成28年度においては学校教育法施行令第22条3に該当する児童のうちの3割が小学校に入学している（文部科学省 2017b）。また、藤井（2016）による全国の市町村教育委員会に対する調査では、2013年の就学先決定の仕組の変更や合理的配慮の提供により、小中学校の教員の人的・物的負担が増加していることが報告され、センター的役割への期待が指摘された。しかし、徳永・新谷・生駒（2016）による小中学校肢体不自由特別支援学級担任へのアンケート調査では、センター的機能の認知度は高いものの、課題として利用の際の手続きや申請の不明さ、日程調整の困難さ等が挙げられた。つまり、小中学校等が必要に応じてセンター的機能を利用しながら協働して子どもを支援するまでには至っていない。

　特別支援学校がセンター的機能を展開する上で、特別支援学校を設置する教育委員会の取組は重要である。取組の例を挙げると、特別支援学校の特別支援教育コーディネーター向け研修会を開催し専門性を担保すること、管下の特別支援学校の担当支援地域を決定し支援地域に漏れが生じないようにすること、要項やガイドラインを作成しセンター的機能を提供・利用しやすくすること、特別支援教育コーディネーターがセンター的機能に専念できるよう教員を加配するなどの人的措置を講じること、発生頻度の少ない障害（視覚障害、聴覚障害等）のセンター的機能の展開を支援することなどである。

しかし、これまでの研究では、特別支援学校を所管する教育委員会によるセンター的機能を推進する取組の実態はほとんど明らかにされていない。わずかに文部科学省（2017a）による「特別支援学校のセンター的機能の取組に関する状況調査について」において、都道府県及び政令指定都市教育委員会[1]に対し、支援に関する指針、旅費等の予算化、センター的機能に関する研修の3項目について尋ねている程度であり、詳細は明らかにされていない。また、これらの施策と地域の支援体制構築との関連性についても検討されてこなかった。

そこで、本研究では、特別支援学校を所管する都道府県及び政令市教育委員会を対象に、センター的機能の推進に関する取組の実態及び担当者の認識について調査し、明らかにする。

Ⅱ．調査方法

1．調査対象及び時期

都道府県教育委員会47、及び特別支援学校を設置する政令市教育委員会15、計62の教育委員会に対して、郵送法による質問紙調査を行った。回答への記入は、センター的機能に詳しい担当者に依頼した。調査期間は2017年3月上旬〜3月末日とした。結果の公表にあたっては、自治体名を公表しないことを、依頼状及び回答用紙に重ねて明記した。

回収は38（回収率61.3%）であった。有効回答は38であり、無効回答はなかった。回答のあった教育委員会の内訳は、都道府県教育委員会が29件（76.3%）、政令市教育委員会が9件（23.7%）であった。設置学校数を見ると、全体の平均設置学校数は15.0校であった。教育委員会別の平均設置学校数は都道府県教育委員会では18.1校、政令市教育委員会では4.7校であった。

2．調査内容

調査内容は大きく2部から構成した。第1部は、「平成19年度特別支援学校のセンター的機能の取組に関する状況調査」（文部科学省，2008）および「中教審報告」等を参考にして作成した教育委員会によるセンター的機能推進に関

する取組についての項目である。①基本方針・ガイドラインおよび担当支援地域の設定の有無、②関係機関との連携会議及びセンター的機能の校内組織への教育委員会の関与の有無、③特別支援教育コーディネーターの養成・研修及び人的措置、④発生頻度が少ない障害種別のセンター的機能の実施からなる。回答は選択式を用いた。第2部は、教育委員会担当者のセンター的機能及び支援体制構築についての意識に関する項目である。①センター的機能の成果、②センター的機能を展開する上での体制上の課題、③小中学校等における特別支援教育の課題、④地域における体制構築、⑤センター的機能のより一層の充実に求められるもの、について、それぞれ3～4つの質問項目を設けた。回答は、4件法（4＝「とてもそう思う」、3＝「そう思う」、2＝「ややそう思わない」、1＝「あまりそう思わない」）とした。「とてもそう思う」「そう思う」を「肯定」、「あまりそう思わない」「そう思わない」を「否定」として集計した。

Ⅲ．結　果

1．センター的機能推進に関する取組

（1）基本方針・ガイドラインの有無および支援地域の設定

センター的機能についての基本方針・ガイドラインの作成（以下、ガイドラインとする）および特別支援学校が支援を担当する地域（以下、担当支援地域とする）の設定についての結果を**表1**に示した（n＝38）。ガイドラインは、「あり」が17件（44.7%）、「なし」が21件（55.3%）であった。教育委員会が

表1　ガイドライン作成および担当支援地域の設定（n=38）

		教育委員会		
		都道府県 (n=29)	政令市 (n=9)	合計
ガイドラインの作成	あり	13 (44.8%)	4 (44.4%)	17 (44.7%)
	なし	16 (55.2%)	5 (55.6%)	21 (55.3%)
担当支援地域の設定	あり	23 (79.3%)	6 (66.7%)	29 (76.3%)
	なし	5 (17.2%)	3 (33.3%)	8 (21.1%)
	必要なし	1 (3.4%)	0 (0.0%)	1 (2.6%)

担当支援地域を設定しているかについては、「あり」が29件（76.3%）、「なし」が8件（21.1%）、「必要なし」が1件（2.6%）であった。「必要なし」の理由としては「通学域とほぼ同じ」が挙げられた。

（2）関係機関との連携会議及びセンター的機能の校内組織

表2に、関係機関との連携会議及びセンター的機能の校内組織について、教育委員会が必ず実施するよう求めているかについて尋ねた結果を示した（n＝38）。「特別支援学校間の連携会議」が17件（44.7%）と半数近くに上ったほかは、いずれも3割に満たなかった。センター的機能の校内組織については、「特別支援教育コーディネーターの複数指名」は10件（26.3%）、「地域支援を担当するセンターの設置」は4件（10.8%）であった。

表2　関係機関との連携会議及びセンター的機能の実施組織（n=38）

	教育委員会		合計
	都道府県 (n=29)	政令市 (n=9)	
関係機関との連携会議			
特別支援学校間	13 (44.8%)	4 (44.4%)	17 (44.7%)
市町村教育委員会	7 (24.1%)	4 (44.4%)	11 (28.9%)
医療・福祉・労働等関係機関	4 (13.8%)	3 (33.3%)	7 (18.4%)
小中学校等の特別支援教育担当者	4 (13.8%)	2 (22.2%)	6 (15.8%)
センター的機能の校内組織			
CO.の複数指名	8 (27.6%)	2 (22.2%)	10 (26.3%)
地域支援を担当するセンターの設置	4 (13.8%)	0 (0.0%)	4 (10.8%)

註）表中では、特別支援教育コーディネーターは、CO.と表記した。

（3）特別支援教育コーディネーターの養成・研修及び人的措置

特別支援学校の特別支援教育コーディネーターの養成・研修及び人的措置について、各項目の実施の有無について尋ねた結果を表3に示す（n＝38）。「特別支援教育コーディネーター向け研修会の開催」が34件（89.5%）と最も実施割合が高く、「特別支援教育コーディネーターの計画的養成」は20件（52.6%）であった。「センター的機能を実施するための人的措置」は31件（83.8%）、「センター的機能の実施に配慮した人事異動」は16件（44.4%）であった。

表3　特別支援教育コーディネーターの養成・研修及び人的措置（n=38）

	教育委員会		
	都道府県 (n=29)	政令市 (n=9)	合計
CO.の養成・研修			
CO.向け研修会の開催	27 (93.1%)	7 (77.8%)	34 (89.5%)
CO.の計画的養成	13 (44.8%)	7 (77.8%)	20 (52.6%)
CO.は各学校が独自に実施	13 (44.8%)	3 (33.3%)	16 (43.2%)
CO.は養成研修を受講した者が担当	5 (17.2%)	4 (44.4%)	9 (23.7%)
センター的機能実施に向けた人的措置			
センター的機能実施のための人的措置	25 (86.2%)	6 (66.7%)	31 (83.8%)
センター的機能の実施に配慮した人事異動	11 (37.9%)	5 (55.6%)	16 (44.4%)

註）表中では、特別支援教育コーディネーターは、CO.と表記した。

(4) 発生頻度が少ない障害種別のセンター的機能の実施

　視覚障害・聴覚障害等の発生頻度が少ない障害種別のセンター的機能の実施についての特別な取組の有無について尋ねたところ（n = 38）、「あり」が26件（68.4%）、「なし」が12件（31.6%）であった。都道府県教育委員会は「あり」が22件（75.9%）、政令市教育委員会は「あり」が4件（44.4%）であった。取組内容としては、都道府県教育委員会では「都道府県内各地での相談会の実施」（5件）、「特別支援学校に地域支援センターの設置」（4件）、「サテライト教室の開催」（3件）、「通級による指導の実施」（3件）等が挙げられた。市町村教育委員会では、「連携ネットワークの強化」（2件）が挙げられた。

2．教育委員会担当者のセンター的機能についての認識

　「教育委員会担当者のセンター的機能についての認識」の「肯定」数と割合、及び教育委員会別、ガイドラインの有無別、担当支援地域設定の有無別の3項目とのクロス集計を示したものが表4である。

(1) センター的機能の成果

　センター的機能の成果について尋ねた3項目（n = 37）はいずれも「肯定」の占める割合が高く、36 〜 37件（97.3 〜 100.0%）であった。

表4 センター的機能担当者の認識における「肯定」数・割合及び「教育委員会」「ガイドライン」「担当支援地域」とのクロス集計

	全体	教育委員会		ガイドライン		担当支援地域	
		都道府県	政令市	あり	なし	あり	なし
（1）センター的機能の成果							
① センター的機能により、特別支援学校と小中学校等との結びつきが強まった。	36 (97.3)	27 (96.4)	9 (100.0)	17 (100.0)	19 (95.0)	28 (100.0)	7 (87.5)
② センター的機能を実施することは、特別支援学校の専門性向上につながる。	37 (100.0)	28 (100.0)	9 (100.0)	17 (100.0)	20 (100.0)	28 (100.0)	8 (100.0)
③ センター的機能の実施により、特別支援学校の存在感が強まっている。	36 (97.3)	28 (100.0)	8 (88.9)	17 (100.0)	19 (95.0)	28 (100.0)	7 (87.5)
（2）センター的機能を展開する上での体制上の課題							
④ 特別支援学校には、センター的機能を十分に実施する余裕がない。	15 (40.5)	9 (32.1)	6 (66.7)	5 (29.4)	10 (50.0)	11 (39.3)	3 (37.5)
⑤ 地域により提供可能な専門性に偏りがある。	19 (51.4)	14 (50.0)	5 (55.6)	8 (47.1)	11 (55.0)	15 (53.6)	3 (37.5)
⑥ 障害種によってはカバーする地域が広く、センター的機能を十分に発揮することが難しい。	22 (59.5)	18 (64.3)	4 (44.4)	10 (58.8)	12 (60.0)	19 (67.9)	2 (25.0)
⑦ 各特別支援学校が実施するセンター的機能の内容については、学校が地域や学校の実情に応じて決めるのが良い。	25 (67.6)	18 (64.3)	7 (77.8)	9 (52.9)	16 (80.0)	18 (64.3)	6 (75.0)
（3）小中学校等における特別支援教育の課題							
⑧ 小中学校等における特別支援教育については、市町村教育委員会がリーダーシップを担うのが良い。	37 (100.0)	28 (100.0)	9 (100.0)	17 (100.0)	20 (100.0)	28 (100.0)	8 (100.0)
⑨ 小中学校等が自力で課題解決できるようなセンター的機能のあり方が望ましい。	35 (97.2)	27 (96.4)	8 (100.0)	16 (100.0)	19 (95.0)	26 (96.3)	8 (100.0)
⑩ 小中学校等における特別支援教育の中核となる人材の育成が必要である。	36 (100.0)	28 (100.0)	8 (100.0)	16 (100.0)	20 (100.0)	27 (100.0)	8 (100.0)
（4）地域における体制構築							
⑪ 地域ごとで、障害のある子どもを支援する体制が整ってきたと感じる。	30 (83.3)	22 (78.6)	8 (100.0)	12 (75.0)	18 (90.0)	23 (85.2)	7 (87.5)
⑫ 特別支援学校は、小中学校等に在籍する障害の重い子どもの支援について、より積極的に役割を担うのが良い。	26 (72.2)	18 (64.3)	8 (100.0)	11 (68.8)	15 (75.0)	21 (77.8)	4 (50.0)
⑬ 小中学校等に在籍する障害の重い子どもの支援について、誰がどのような役割を担うのか、判断が難しい。	18 (50.0)	16 (57.1)	2 (25.0)	8 (50.0)	10 (50.0)	13 (48.1)	4 (50.0)
（5）センター的機能のより一層の充実に求められるもの							
⑭ 今後、センター的機能をより充実させていくためには、国の方針やリーダーシップが必要である。	28 (77.8)	21 (75.0)	7 (87.5)	15 (93.8)	13 (65.0)	22 (81.5)	5 (62.5)
⑮ 今後、センター的機能をより充実させていくためには、特別支援学校の特別支援教育コーディネーターの専門性向上が必要である。	35 (97.2)	27 (96.4)	8 (100.0)	16 (100.0)	19 (95.0)	27 (100.0)	7 (87.5)
⑯ 今後、センター的機能をより充実させていくためには、特別支援学校の特別支援教育コーディネーターの増員が必要である。	24 (66.7)	19 (67.9)	5 (62.5)	10 (62.5)	14 (70.0)	21 (77.8)	2 (25.0)

□ は「肯定」と「否定」の差が30％以上であるものを示す。

┌┐
└┘ は「肯定」と「否定」の差が20％以上30％未満であるものを示す。

（2）センター的機能を展開する上での体制上の課題

センター的機能を展開する上での体制上の課題（n＝37）については、4項目とも「肯定」「否定」が拮抗していた。「④特別支援学校には、センター的機能を十分に実施する余裕がない。」では、「肯定」が15件（40.5％）であった。教育委員会別では政令市教育委員会が6件（66.7％）であり、都道府県教育委員会よりも30％以上多く「肯定」していた。「⑥障害種によってはカバーする地域が広く、センター的機能を十分に発揮することが難しい。」では、「肯定」が22件（59.5％）であった。担当支援地域の有無で見ると、「あり」が19件（67.9％）であり、「なし」よりも40％以上多く「肯定」していた。

（3）小中学校等における特別支援教育の課題

小中学校等における特別支援教育の課題（n＝36〜37）については、いずれの項目も「肯定」が36〜37件（97.2〜100.0％）を占めた。

（4）地域における体制構築

地域における体制構築についての項目（n＝36）では、「⑪地域ごとで、障害のある子どもを支援する体制が整ってきたと感じる。」では、「肯定」が30件（83.3％）を占めた。「⑫特別支援学校は、小中学校等に在籍する障害の重い子どもの支援について、より積極的に役割を担うのが良い。」では、「肯定」が26件（72.2％）であった。教育委員会別では、政令市教育委員会は8件（100.0％）であり、都道府県教育委員会より30％以上多く、また担当支援地域の有無では「あり」が19件（67.9％）で「なし」よりも30％以上多く「肯定」していた。「⑬小中学校等に在籍する障害の重い子どもの支援について、誰がどのような役割を担うのか、判断が難しい。」では、都道府県教育委員会（16件，57.1％）の方が、政令市教育委員会（2件，25.0％）よりも「肯定」していた。

（5）センター的機能のより一層の充実に求められるもの

センター的機能のより一層の充実に求められるものについて尋ねた（n＝36）。その結果、「⑭今後、センター的機能をより充実させていくためには、国の方針やリーダーシップが必要である。」ではガイドライン「あり」（15件，93.8％）、及び担当支援地域「あり」（22件，81.5％）がより「肯定」しており、ともに20％以上の開きがあった。「⑮今後、センター的機能をより充実させて

いくためには、特別支援学校の特別支援教育コーディネーターの専門性向上が必要である。」では35件（97.2%）が「肯定」した。「⑯今後、センター的機能をより充実させていくためには、特別支援学校の特別支援教育コーディネーターの増員が必要である。」では、担当支援地域「あり」は21件（77.8%）であり、「なし」よりも52.8%多く「肯定」した。

Ⅳ. 考　察

（1）特別支援教育コーディネーター養成・研修

　結果によれば、特別支援教育コーディネーター向けの研修会はおよそ9割で、人的措置は8割以上で実施されていた。この高い実施率にも関わらず、センター的機能の充実に向け専門性向上が必要であると97.2%の教育委員会担当者が回答した。先行研究においても地域コーディネーターの力量形成は当人に任されていると指摘されており（家塚・加瀬 2018）、人材育成の困難さが伺われる。コーディネーター育成の方策として、コーディネーターの複数配置や地域支援への同行（田中・奥住・池田 2013）が挙げられているが、複数指名を学校側に求めている教育委員会は26%程度であった。

　さらに詳細に特徴を検討すると、センター的機能を実施するための人的措置は都道府県教育委員会の方が実施している一方で、コーディネーターの計画的養成やセンター的機能の実施に配慮した人事異動については、政令市教育委員会の方が取組んでいた。本調査では人的措置の詳細について尋ねていないが、センター的機能を充実させるための教員の加配等が進んでいることが伺われる。平成29年度から教員配置、給与負担等の権限が都道府県から政令市へ委譲されており、政令市教育委員会においてセンター的機能を実施するための人的措置がさらに講じられる可能性もある。

（2）センター的機能への期待

　都道府県教育委員会担当者と政令市教育委員会担当者とでは、政令市教育委員会担当者の方が、より小中学校等に在籍する障害の重い子どもへの支援について特別支援学校に期待しながらも、余裕のなさも感じていた。すでに市町村教育委員会がセンター的機能に寄せる期待の高さは明らかになっているが（藤

井 2016)、さらに今回の結果では都道府県教育委員会担当者と政令市教育委員会担当者との認識の相違が明らかになった。センター的機能を支援する施策を講じる際に、市町村教育委員会との連携を密にし、市町村のニーズを視野に入れた人的・物的措置を考慮すべきであろう。

(3) 支援地域の設定

　担当支援地域の設定の有無で比較すると、設定している教育委員会担当者の方が、小中学校等に在籍する障害の重い子どもの支援について特別支援学校が果たすべき役割を認識しながらも、同時に支援地域が広域にわたる障害種のセンター的機能の発揮においては困難があり、コーディネーターを増員する必要があると感じていた。支援地域の規模と早期支援に関するセンター的機能発揮の関連性を調査から明らかにした井上・井澤（2015）は、支援地域の人口が少ない特別支援学校の方が、地域におけるリソースが少ないために、地域から特別支援学校へ寄せられる期待が高いことを指摘している。支援地域が設定されることにより、特別支援学校と支援相手となる学校等との連携関係が進み、センター的機能をより発揮する必要性を強く感じながらも、そのニーズを満たすためには人員が足りないという現状が浮き彫りになった。とりわけ視覚障害・聴覚障害特別支援学校等は支援地域が広いことがかねてより指摘されており（井坂・仲野 2009）、広大な支援圏域をカバーする施策の充実が求められている。

謝辞
　本研究にご協力いただきました教育委員会の方々に感謝申し上げます。

注
1)　平成19年度から文部科学省初等中等教育局特別支援教育課により隔年で報告されている『特別支援学校のセンター的機能の取組に関する状況調査について』では、政令市教育委員会は平成23年度調査から調査対象として加わっている。

文献
中央教育審議会初等中等教育分科会（2012）共生社会の形成に向けたインクルーシブ教育システム構築のための特別支援教育の推進（報告）.
出口和宏（2017）特別支援学校学校経営基礎資料 (2)―特別支援教育コーディネーター

—．岐阜大学教育学部特別支援教育センター年報 24, 69-72.

藤井慶博（2016）インクルーシブ教育システム構築のための学校教育法施行令改正に関する影響—市町村教育委員会へのアンケート調査から—．発達障害研究 38(2), 203-213.

家塚麻琴・加瀬進（2018）我が国における特別支援教育コーディネーター研究の動向と課題．東京学芸大学紀要総合教育科学系Ⅱ 69(2), 1-15.

井上和久・井澤信三（2015）特別支援学校のセンター的機能を活用した早期支援と関係機関との連携の実態—全国の特別支援学校への質問紙調査結果の分析から—．小児保健研究 74(5), 685-691.

井坂行男・仲野明紗子（2009）全国の特殊教育諸学校におけるセンター的機能の現状と課題．特殊教育学研究 47(1), 13-21.

文部科学省初等中等教育局特別支援教育課（2008）平成 19 年度特別支援学校のセンター的機能の取組に関する状況調査について．

文部科学省初等中等教育局特別支援教育課（2017a）平成 27 年度特別支援学校のセンター的機能の取組に関する状況調査について．

文部科学省初等中等教育局特別支援教育課（2017b）特別支援教育資料（平成 28 年度）．

田中雅子・奥住秀之・池田吉史（2013）特別支援学校の学校組織におけるセンター的機能のシステムのあり方—全国 30 の特別支援学校・教育センターの訪問調査から—．東京学芸大学紀要総合教育科学系Ⅱ 64(2), 7-17.

徳永亜希雄・新谷洋介・生駒良雄（2016）特別支援学校（肢体不自由）のセンター的機能推進上の課題の検討—肢体不自由特別支援学級におけるセンター的機能活用上の課題の検討を通して—．SNE ジャーナル 22(1), 132-146.

報　告

知的障害児の「育ちと発達の困難」の
実態と寄宿舎教育の役割
―寄宿舎併設知的障害特別支援学校の保護者調査から―

小野川 文子
（名寄市立大学）

髙橋　　智
（東京学芸大学）

　本稿では、知的障害児とその家族が有する「育ちと発達の困難」の実態と支援ニーズを検討し、それに対する知的障害特別支援学校併設寄宿舎の教育的機能・役割を明らかにした。寄宿舎生数が全国の1/4を占める北海道の知的障害特別支援学校を調査対象とし、通学生・寄宿舎生の両保護者調査を比較検討することで寄宿舎の教育的機能・役割を検討した。

　調査方法は郵送質問紙法調査、調査対象は北海道の寄宿舎併設知的障害特別支援学校27校の保護者であり、回収数は通学生保護者189人、寄宿舎生保護者313人、合計502人であった（回収率：30.8%）。調査期間は2017年6月～8月。

　親元から離れた生活が経験できる寄宿舎は、とくに年齢が低い時期に子どもの身辺自立や精神的自立を促し、保護者の就労保障や健康面を支えていることが示された。また、寄宿舎教育の課題としては第一に、子どもの年齢が低い時期に多くの保護者が「育ちと発達の困難」に対する支援ニーズを有していることから、高等部入舎が多い寄宿舎では入舎対象年齢を広げることも検討する必

キーワード

知的障害特別支援学校　　Schools for Special Needs Education for Students with Intellectual
　　　　　　　　　　　　Disabilities

寄宿舎　Boarding House

保護者調査　Parents Survey

北海道　Hokkaido

要がある。第二に、障害児とその家族が有する「育ちと発達の困難」と支援
ニーズに対する寄宿舎教育の機能・役割は重要であるが、寄宿舎教育だけに依
存する支援体制は危険であり、寄宿舎に入舎している時期にも障害児とその家
族を地域で支える体制を築いていくことが不可欠である。

Ⅰ．はじめに

　今日の社会的格差や貧困の広がり、地域からの家庭の孤立など、子どもを取
り巻く厳しい社会状況が彼らの生活基盤を脅かし、発達を阻害している。とり
わけ障害児の場合はより深刻な影響を受ける。家族依存で成り立っている日本
の福祉制度の下では、ケア役割の長期化によって養育者の健康破壊、就労制限
がすすみ、経済的貧困をベースに、生活の質、人間関係、社会性を含めた「育
ちと発達の困難」状況に陥りやすく、様々な困難が集中するからである。

　さて、特別支援学校に併設された寄宿舎は遠距離による通学保障・就学保障
のみならず、寄宿舎における教育を通して障害・病気等による「育ちと発達の
困難」を有する子どもの発達を促進し、家族支援も含めた実践を展開してい
る。とくに安心・安全な生活の保障、友人との関わり、共依存にある親子関係
の再構築、生活技術の獲得など、自立に必要な力の獲得において寄宿舎は大き
な役割を果たしている（小野川・髙橋：2012・2013・2016）。

　しかし近年、寄宿舎の縮小・統廃合が加速し、毎日新聞（2018）の記事によ
ると、2007年から2017年の10年間に14都道府県において寄宿舎22舎が閉舎
し、寄宿舎設置率は34％から28％まで減少している（2007年の設置率は学校
基本調査から算出）。とりわけ知的障害・肢体不自由・病弱の特別支援学校の
設置率は17.8％と視覚障害95.2％、聴覚障害69.8％と比べ低下は著しい。一
方、新設の知的障害高等特別支援学校に寄宿舎を設置する動きもある。例え
ば、山梨県では軽度知的障害の高等部教育における寄宿舎の教育的機能が議論
され（古屋：2013）、2015年開校の特別支援学校に寄宿舎が設置された。また
宮城県では2016年に全寮制の知的障害高等特別支援学校が開校した。通学保
障という役割を担いつつも、高等部卒業後の離職率の高さ、その背景にある関
係性・コミュニケーションを含む「育ちと発達の困難」が指摘されており、高

等特別支援学校での寄宿舎の教育的機能が見直され始めている。

さて本稿では上記の問題をふまえ、知的障害児とその家族が有する「育ちと発達の困難」の実態と支援ニーズを検討し、それに対する知的障害特別支援学校併設寄宿舎の教育的機能・役割を明らかにする。寄宿舎生数が全国の1/4を占める北海道の知的障害特別支援学校を調査対象とし、通学生・寄宿舎生の両保護者調査を比較検討することで寄宿舎の教育的機能・役割を考察する。

Ⅱ．調査の方法

調査方法は郵送質問紙法調査、調査対象は北海道の寄宿舎併設知的障害特別支援学校27校の保護者1,647人（調査依頼時）であり、学校長宛に調査依頼を行い、協力を得られた学校から保護者へ調査依頼文・調査票を配布した。回収数は通学生保護者189人、寄宿舎生保護者313人、合計502人である（回収率：30.8%）。調査内容は「子どもの家庭生活・家族の生活・保護者の健康・親子関係・地域社会支援の現状と困難・ニーズおよび寄宿舎」について、調査期間は2017年6月～8月、倫理的配慮については所属大学の倫理委員会の承認を受けている（16-070）。なお、分析にあたっては、通学生・寄宿舎生の年齢・障害程度において保護者の困難・ニーズに偏りがみられるため、年齢（6歳～15歳と16歳以上）と障害程度（療育手帳A判定と療育手帳B判定）をそろえて一要因分散分析を行った。

Ⅲ．結　果

回答者は母親が多く438人（87.3%）、父親38人（7.6%）、その他、祖父母や施設職員等であった。子どもの年齢は6歳～12歳110人、21.9%（通学生100人：52.4%、寄宿舎生10人：3.2%）、13歳～15歳132人、26.3%（通学生50人：26.4%、寄宿舎生82人：26.4%）、16歳以上260人、51.8%（通学生41人：21.5%、寄宿舎生219人：70.4%）、とくに寄宿舎生は16歳以上が7割（15歳以上では95%）を占めている。子どもの障害程度は、通学生の60.7%が療育手帳A判定であり、22.0%が身体障害者手帳を併せ持っている。寄宿舎生は療育手

帳A判定が20.6％と少なく、多くが軽度知的障害である。知的障害と回答しなかった対象者が通学生で1割強、寄宿舎生で3割存在し、知的障害を伴わない発達障害の子どもも含まれると考えられる。

1. 子どもの生活実態と困難・ニーズ

平日、家庭で主に「母親」と過ごしている人は通学生88.2％、寄宿舎生55.3％、「家族とのみ」でみると通学生76.3％、寄宿舎生68.0％といずれも通学生の方が高い。「16歳以上」の子どもで比較しても通学生の80.5％が「家族とのみ」過ごし、寄宿舎生の58.7％より高い。

また、「過ごし方」の比較では、両者ともに「家の中でテレビやビデオを観て過ごしている」「インターネットやゲーム、おもちゃで遊んでいる」が多くを占め、その他では通学生は「放課後デイサービスや学童保育に通っている」が110人（58.2％）と多く、寄宿舎生では「友だちと遊んでいる」が59人（18.8％）と通学生より多い（図1）。「16歳以上」の子どもで「友だちと遊んでいる」割合を比較すると通学生1人（2.4％）、寄宿舎生32人（14.6％）と、年齢が高くなっても通学生は友だちと遊ぶ機会が少ないことがうかがえる。

子どもの生活上の困難を通学生と寄宿舎生で比較する。「6歳～15歳」の子どもでは「問9. 自分の身の回りのことが自分ではなかなかできない」の項目のみ、療育手帳A判定・B判定ともに1％水準で通学生が有意に高かった。その他で有意差が認められたのは療育手帳B判定の子どものみで、「問19. 食べ

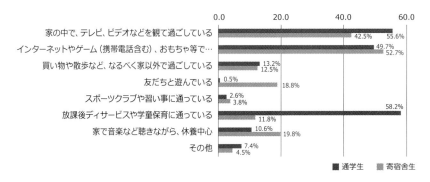

図1　日中の過ごし方比較

のが限られていたり感覚過敏等があり、日常生活に支障をきたすことが多い」
が1％水準で、「問12.気持ちの切り替えが難しく、気持ちが不安定になること
が多い」「問14.子ども自身の気持ちを把握したり理解したりするのが難しい」
が5％水準で通学生が有意に高かった。一方、寄宿舎生が有意に高かったのは
「問19.なかなか外出させられず、社会的経験が乏しい」であった。「16歳以上」
の子どもでは「問9」のみ療育手帳A判定の通学生が5％水準で有意に高かっ
た（表1）。

　子どもの生活上のニーズでは、「問21.身の回りのことができるようになる」
が1％水準で、「問22.なるべく子どもの要求を受け止められ、精神的に安定し
た生活が送れる」「問23.違うことやものにも興味を持ち、関心が広がる」「問
25.メリハリのある生活をおくり、安定した生活リズムを保つ」「問31.本人に
あった生活環境や学習環境を整え、生活しやすいように配慮する」が5％水準
で通学生が有意に高いことが明らかとなった。

2. 家族の生活実態と困難・ニーズ

　両親がそろっている家庭は321人68.7％（n=467）に対して「ひとり親家庭

表1　子どもの生活上の困難　通学生と寄宿舎の比較（6歳～15歳）

＊＊p＜0.01　＊p＜0.05

| 質問項目 | 療育手帳A判定 | | | | 有意差 | 療育手帳B判定 | | | | 有意差 |
| | 通学生 | | 寄宿舎生 | | | 通学生 | | 寄宿舎生 | | |
	平均	分散	平均	分散		平均	分散	平均	分散	
問 9.自分の身の回りのことが自分ではなかなかできない	3.24	0.69	2.72	1.04	＊＊	2.20	0.96	1.72	0.64	＊＊
問 10.本人の要求（遊びや外出）を十分に聞いてあげられず子どものストレスが大きい	2.41	0.77	2.32	0.64		2.12	0.84	2.07	0.86	
問 11.遊び等がいつも同じで、なかなか興味関心が広がらない	3.01	0.85	2.92	0.74		2.79	0.95	2.79	0.94	
問 12.気持ちの切り替えが難しく、気持ちが不安定になることが多い	2.47	1.05	2.32	0.73		2.55	1.03	2.13	0.93	＊
問 13.睡眠障害（寝つきが悪い、夜中起きる）などで生活リズムが乱れやすい	1.88	1.1	1.84	0.89		1.83	1.02	1.54	0.72	
問 14.子ども自身の気持ちを把握したり理解したりするのが難しい	2.58	0.95	2.56	0.84		2.5	0.84	2.07	0.80	＊
問 15.大人と過ごすことが多く、わがままや自己中心的になりがちである	2.45	0.88	2.28	0.96		2.24	0.82	2.0	0.81	
問 16.大人からの指示待ちが多く、自分から行動することが難しい	2.40	0.87	2.71	0.91		2.52	0.79	2.39	0.81	
問 17.家族以外の人と接する機会が少ないために、人と関わる力が育ちにくい	2.02	0.72	2.16	0.89		2.14	0.91	2.35	0.95	
問 18.なかなか外出させられず、社会的経験が乏しい	2.22	0.78	2.24	1.02		2.02	0.95	2.43	0.96	＊
問 19.食べるのが限られていたり感覚過敏等があり日常生活に支障をきたすことが多い	2.23	1.20	1.80	0.75		2.21	1.22	1.58	0.54	＊＊

表2　家族の生活上の困難　通学生と寄宿舎生比較
（6歳〜15歳、療育手帳B判定）　＊＊P＜0.01　＊P＜0.05

質問項目	通学生		寄宿舎生		有意差
	平均値	分散	平均値	分散	
問40.子どもの介助（世話）の必要や体調が悪い等で働きたくても働くことができない	2.18	1.33	1.67	0.94	＊
問41.子どもの登下校や通院等で休むことも多く、十分な収入（お金）が得られない	2.08	1.15	1.71	1.14	
問42.子どもの養育にお金がかかり家計がきびしい	2.45	1.07	2.22	1.23	
問43.買い物に行くこともままならず、十分な学用品や衣類などを買ってあげられない	1.65	0.59	1.60	0.68	
問44.集合住宅のため、音や声が漏れるなど近隣からの苦情がこないか心配	2.05	1.79	1.55	0.90	＊
問45.一緒に暮らしている家族からの協力が得られない	1.77	1.02	1.58	0.93	
問46.はなれて暮らす家族や親戚からの協力が得られない	2.33	1.40	1.8	1.32	＊
問47.家族間のトラブル（けんか）が多い	1.90	1.22	1.73	0.98	
問48.他のきょうだいにまで手をかけてあげられない	1.79	1.04	1.73	0.86	

（祖父母との同居含む）および両親不在」は146人31.3％と多い。両親の就労状況は、父親の正規雇用159人66.2％に対して母親は41人14.7％と少なく、多くが非正規雇用やパートである。働いている母親は74.9％と比較的高いが、6割の保護者は経済実感で「やや不十分」「不十分」と回答した。「6歳〜15歳」の子どもでは、母親の95人43.8％（n=217人）が無職であるが、「16歳以上」の子どもではパートが増え、母親の無職は60人25.2％（n=238人）と少なくなる。また療育手帳A判定の子どもでは母親の5割近くが無職であり、重度児の母親の就労困難がうかがえる。

　家族の生活上の困難の比較では「6歳〜15歳」「療育手帳B判定」の子どもにのみ有意差が認められ、「問40.子どもの介助（世話）の必要や体調が悪い等で働きたくても働くことができない」「問44.集合住宅のため、音や声が漏れるなど近隣からの苦情がこないか心配」「問46.はなれて暮らす家族や親戚からの協力が得られない」が5％水準で通学生が高かった（表2）。

　一方、家族の生活上のニーズでは通学生と寄宿舎生に有意差はなく、「問50.障害児を養育しながらも仕事を続けられる支援体制の確立」「問51.障害児を育てながら仕事ができる職場や環境」「問52.障害児の養育や諸費用等にかかる費用負担を軽くし、福祉手当の増額」といった就労保障や福祉手当の増額に関する項目について高い結果となった。

3. 保護者の健康実態と困難・ニーズ

保護者の健康では「健康である」289人58.0%、「やや不調である」112人22.0%、「通院加療中」53人17.0%であり、通院加療の内容は「ガン、心臓病、人工透析、糖尿病、精神疾患」等であった。9割の保護者が「時々疲れを感じる」「常に疲れを感じる」と回答した。

通学生と寄宿舎生の比較では「6歳〜15歳」の子どものみ有意差が認められた。療育手帳A判定では「問64.自分が病気にかかっても子どもを預ける人や場所がなく十分な通院や入院ができない」が5%水準で寄宿舎生が高く、療育手帳B判定では「問65.発作等の健康観察や自傷、他傷や動きまわるなど、子どもから目が離せず、常に精神的に張りつめた状態である」「問67.将来のことが心配で絶望的になり、死を考えたこともある」が1%水準で通学生が高く、「問66.夜間の対応（動き回る、寝返り、睡眠障害等）が必要なため、十分な睡眠時間がとれず、常に睡眠不足である」が5%水準で通学生が高かった（表3）。

保護者の健康上のニーズでは「75.障害児者に対する理解がすすむこと」「74.子どもが卒業後、親から自立していくための仕事や生活ができること」「76.身近に子育てを相談できる人や場所がある、保護者の精神面でのケア」が顕著に高く、多くの保護者が障害者に対する理解や親からの自立を強く願い、子育てに対して身近に相談できる人や場所を求めている。

表3　保護者の健康上の困難　通学生と寄宿舎生比較（6歳〜15歳）

＊＊p＜0.01 ＊p＜0.05

質問項目	療育手帳A判定				有意差	療育手帳B判定				有意差
	通学生		寄宿舎生			通学生		寄宿舎生		
	平均	分散	平均	分散		平均	分散	平均	分散	
問63.体への負担が大きく痛みや疲れがとれない	2.56	1.0	2.87	0.39		2.53	1.18	2.50	0.97	
問64.自分が病気にかかっても子どもを預ける人や場所がなく十分な通院や入院ができない	2.76	0.99	3.26	0.75	＊	2.49	1.11	2.42	1.28	
問65.発作等の健康観察や自傷、他傷や動きまわるなど、子どもから目が離せず、常に精神的に張りつめた状態である	2.42	0.99	2.39	1.25		1.95	1.90	1.45	0.52	＊＊
問66.夜間の対応（動き回る、寝返り、睡眠障害等）が必要なため、十分な睡眠時間がとれず、常に睡眠不足である	1.95	0.99	1.92	0.95		1.73	1.05	1.35	0.4	＊
問67.将来のことが心配で絶望的になり、死を考えたこともある	2.09	1.17	2.04	1.35		2.22	1.43	1.63	0.81	＊＊
問68.偏見等があり、周囲の視線が気になる	2.67	1.09	2.33	0.84		2.27	1.0	2.05	0.89	
問69.精神的に不安定になり、「この子がいなくなればいい」などと一度は考えたことがある	2.14	1.43	1.96	1.17		1.98	1.37	1.61	1.07	

4. 親子関係の実態と困難・ニーズ

親離れ・子離れの「どちらともできていない」205人42.4％が一番多く、「16歳以上」でも37.0％が親離れ・子離れができていないと回答し、とくに療育手帳A判定の5割以上が「両方できていない」と回答した。

通学生と寄宿舎生の比較では「6歳〜15歳」の通学生のみで有意差が認められ、「問79.家族以外の人と生活したことがなく、いつもに家族が一緒にいないと不安になる」では療育手帳A判定・B判定ともに1％水準で通学生が有意に高く、「問80.家族以外の人からの介助は受け付けず、食事・トイレ等がうまくできなくなる」「問82.気持ちの余裕がなく子どもに優しい気持ちになれずきつくあたってしまうことがある」では療育手帳B判定で通学生が1％水準で有意に高かった。また、療育手帳B判定では「問85.この先もずっと一緒に暮らしたいと思うが、子どもの自立を考えると悩んでしまう」が5％水準で通学生の方が高い結果となった（**表4**）。

ニーズではどの項目も高く、通学生で最も高かった項目は「90.余裕をもって子どもを育てられるような環境や子育ての社会化」、寄宿舎生では「93.子どもが親元から離れて生活できる力を身につける」であった。「問93」については通学生も高く、両者とも「親亡き後の不安」が背景にあることが考えられる。

表4　親子関係の困難　通学生と寄宿舎生の比較（6歳〜15歳）　　＊＊P＜0.01　＊P＜0.05

| 質問項目 | 療育手帳A判定 | | | | 有意差 | 療育手帳B判定 | | | | 有意差 |
| | 通学生 | | 寄宿舎生 | | | 通学生 | | 寄宿舎生 | | |
	平均	分散	平均	分散		平均	分散	平均	分散	
問79.家族以外の人と生活したことがなく、いつもに家族が一緒にいないと不安になる	2.60	1.04	1.96	0.79	＊＊	2.49	1.0	1.66	0.73	＊＊
問80.家族以外の人からの介助は受け付けず、食事・トイレ等がうまくできなくなる	1.70	0.63	1.68	0.48		1.55	0.56	1.12	0.14	＊＊
問81.子どもに対して、必要以上に手を出してしまう	2.63	0.74	2.60	0.75		2.20	0.71	1.98	0.86	
問82.気持ちの余裕がなく子どもに優しい気持ちになれずきつくあたってしまうことがある	2.56	0.90	2.36	0.57		2.63	0.91	2.03	0.85	＊＊
問83.子どもの障害をなかなか受けとめられず、拒絶もしくは抱え込みすぎてしまう	1.74	0.65	1.60	0.33		1.71	0.61	1.64	0.63	
問84.他の子どもと比較してしまい、ついついきびしくしてしまう	1.69	0.63	1.64	0.24		1.85	0.78	1.78	0.58	
問85.この先もずっと一緒に暮らしたいと思うが子どもの自立を考えると悩んでしまう	3.02	0.97	2.56	1.34	＊	2.83	0.92	2.74	1.26	

5. 地域・社会支援の実態と困難・ニーズ

身近に相談機関が「ある」と回答した人は通学生の保護者154人84.6%、寄宿舎生の保護者220人72.1%、計374人76.8%であった。主な相談機関としては「学校の教員」283人75.7%と最も多く、寄宿舎生の保護者では「寄宿舎指導員」も73.6%と多かった。その他では「かかりつけの医師」153人40.9%、「友人」73人19.5%であった。

福祉サービスの利用状況は、「放課後ディサービスや学童保育の利用」では寄宿舎生28.0%に対して通学生84.2%と圧倒的に通学生が多く、寄宿舎生の34.9%が「利用したことがない」と回答した。「ショートステイ等の宿泊を伴う施設の利用」は両者ともに少なく、通学生12.0%、寄宿舎生6.7%であった。とりわけ寄宿舎生では65.6%が「利用したことがない」と回答し、通学生では「過去に支援を受けていたが、今はない」が64.1%であり、日常的にはあまり利用されていないことがうかがわれる。

地域・社会支援の困難について通学生と寄宿舎生で比較すると、年齢での有意差は認められず、障害程度で違いがみられた。療育手帳A判定では「問103.子どもの障害や発達について気軽に相談できる役所や施設が近くにない」が5%水準、「問104.近くの病院に専門外来がなく、かかりつけの病院まで遠い」が1%水準で寄宿舎生が有意に高かった。一方、療育手帳B判定では「問106.近所に安心して過ごせる場所やあそべる友だちがいない」が5%水準で通学生が有意に高かった。また、地域・社会支援ニーズではすべての項目で通学生が高く、「問107.毎日の登下校の送りむかえや外出時に必要な支援（ヘルパーなど）体制」のみ1%水準で通学生が有意に高いほかは有意差が認められなかった。

Ⅳ. 考 察

「子どもの生活」では「身辺自立」と「子どもの気持ちの切り替え」「子どもの理解」等の困難に対し、通学生の保護者が有意に高い結果となった。とくに「身辺自立」の困難において、「6歳〜15歳」では障害程度に関係なく通学生が有意に高く、さらに「16歳以上」でも障害が重いケースでは通学生が有意に

高かった。この結果から、寄宿舎生活が知的障害児の身辺自立の発達においても有効である可能性がうかがえる。一方、寄宿舎生の保護者は外出等ができないことによる社会的経験不足を通学生の保護者より感じており、制限の多い寄宿舎生活の課題も示された。

「家族の生活」では、子どもの年齢や障害程度に大きく影響を受けており、とくに就労制限や経済的困難を感じている保護者が多かった。小野川・髙橋（2011）の「肢体不自由特別支援学校在籍の児童生徒とその家族の生活実態」に関する調査研究と比較すると、母親の就労率は肢体不自由調査の28.7％に対し、はるかに高い74.9％であったにもかかわらず、経済実感では「不十分」「やや不十分」と回答した割合が56.2％と高く（肢体不自由調査では47.0％）、就労していても経済的困難が軽減されない実態がうかがえる。通学生と寄宿舎生の保護者の正規雇用の差や「6歳〜15歳」「療育手帳A判定」の通学生の家庭において有意に就労困難が高かったことから、寄宿舎が保護者の就労を支えていると想定される。

経済的困難や子どもの障害の重度化は「保護者の健康」にも深刻な影響を及ぼすことも明らかとなった。経済的困難は保護者の病気の治療等を困難にするだけでなく、将来に対する不安を大きくし、深刻な精神的困難・疾病を引き起こしかねない。今回の調査では通学生の保護者の方が、障害が軽いケースで子どもの年齢が低い時ほど、精神面において困難を多く有していた。一方、障害が重い寄宿舎生では「何かあったときに子どもを預ける人や場所がない」が通学生より有意に高く、地域における支援体制が十分ではない状況がうかがえる。

「親子関係」では、前述の小野川・髙橋（2011）の肢体不自由調査では障害の軽い子どもの家庭における親離れ・子離れの困難が大きいことが示されたが、知的障害の場合は、療育手帳A判定の障害の重い子どもの親離れ・子離れの困難が大きいことが判明した。また、障害が軽い子どもの場合、通学生の保護者の方が親との分離不安や養育に関わる困難を感じていることが示されたが、親元から離れた寄宿舎生活は親離れ・子離れを促進していることがうかがえる。

「地域・社会的支援」については、年齢が低い時期には多くの子どもが放課

後支援を利用しているが（6歳〜15歳66.7%、16歳以上32.0%）、ショートステイなどの宿泊を伴う施設利用は年齢による違いはほとんどない。通学生と寄宿舎生の比較では障害程度で違いがみられ、障害の重い子どもの場合、近くに子どもの障害や発達について気軽に相談できる場がないことや専門医がいる病院がない等、地域資源等の不備を寄宿舎生の保護者の方が強く感じていた。一方、障害の軽い子どもの場合、「近所に安心して過ごせる場所やあそべる友だちがいない」が通学生の方が高かった。知的障害児は地域において家族以外の人と過ごすことが少なく、生活や人間関係が広がる思春期・青年期においては友人と過ごす時間や多様な人と関わる機会の保障が求められるが、その点でも寄宿舎の教育的機能・役割は大きいと思われる。

V．おわりに

　本稿では知的障害児とその家族が有する「育ちと発達の困難」の実態と支援ニーズを検討し、それに対する寄宿舎の教育的機能・役割を明らかにしてきた。親元から離れた生活が経験できる寄宿舎は、とくに年齢が低い時期に子どもの身辺自立や精神的自立を促し、保護者の就労保障や健康面を支えていることが示された。

　しかし、今回の調査では寄宿舎教育の課題もみえてきた。第一に、子どもの年齢が低い時期に多くの保護者が「育ちと発達の困難」に対する支援ニーズを有していることから、実際には小学部段階での寄宿舎教育に対する潜在的ニーズがあり、高等部入舎が多い寄宿舎では入舎対象年齢を広げることも検討する必要がある。

　第二に、寄宿舎生活では外出する機会が少なく、日常的には子どもや家族の生活が寄宿舎に大きく頼っている側面もあり、いざ家族に何かあったときの支援体制が地域に築けていないことも示された。障害児とその家族が有する「育ちと発達の困難」と支援ニーズに対して寄宿舎教育の機能・役割は重要であるが、寄宿舎教育だけに依存する支援体制は危険であるともいえる。寄宿舎に入舎している時期にも、障害児とその家族を地域で支える体制を築いていくことが不可欠である。

さて今回の調査は、北海道という限られた地域を調査対象としており、今回の検討結果が知的障害児とその家族の「育ちと発達の困難」と支援ニーズを明示しているとは言い難い。今後は全国の知的障害特別支援学校併設寄宿舎を調査対象とし、寄宿舎の教育的機能・役割を検討することが作業課題であり、現在その準備を進めている最中である。

附記

本報告は、平成30年度科学研究費補助金［基盤研究（C）18K02975］（研究代表：小野川文子）による成果の一部である。

文献

古屋義博（2013）岐路に立たされた山梨県立特別支援学校寄宿舎について―山梨県特別支援教育振興審議会（2010年度）の答申と会議録分析―. 山梨障害児教育学研究紀要, 7.

毎日新聞東京本社（2018）特別支援学校―減る寄宿舎―発達支える場財政難. 毎日新聞朝刊, 2018年4月2日（月）付.

小野川文子・髙橋智（2011）肢体不自由特別支援学校在籍の児童生徒とその家族の生活実態の検討―都立肢体不自由特別支援学校の保護者調査から―. SNEジャーナル, 17(1), 174-189.

図書紹介

黒田学ほか
「世界の特別ニーズ教育と社会開発」シリーズ

（クリエイツかもがわ）

紹介者：吉利宗久（岡山大学）

　国連「障害者権利条約」の採択（2016年）を一つの契機に、インクルーシブ教育の具現化が国際社会における喫緊かつ不可避の課題として盛んに論じられるようになり、様々なアプローチが試みられている。一方で、それらの取り組みは、インクルーシブ教育システムの構築という通底する目標を共有しながらも、各国の歴史、文化、宗教、経済などあらゆる側面からの影響を受けながら、独自的な発展を遂げつつある。すなわち、インクルーシブ教育は、いまや「グローバルスタンダード」ともいえるが、各国々の状況を個別的かつ丹念に分析する作業の蓄積なしに、その正確な動向を把握することはできない。インクルーシブ教育の展開をめぐって、世界各国はどのような課題に直面し、それらをいかにして改善しようとしているのだろうか。その考察の延長線上には、わが国にとっても参考となるであろう政策や実践の基盤が少なからず示唆されるはずである。

　本シリーズ「世界の特別ニーズ教育と社会開発」は、第1巻のロシアを皮切りに、第2巻でヨーロッパ（ドイツ、イタリア、デンマーク、ポーランド、ロシア）、第3巻でスペイン語圏（スペイン、メキシコ、キューバ、チリ）の国々を網羅し、第4巻では日本をはじめとするアジア（ベトナム、タイ、モンゴル、ネパール、カンボジア）を取り上げている。本シリーズの緒言で述べられているように、先進国と開発途上国という「社会開発パラダイム」、アジア・ラテンアメリカ・ユーラシア・東欧などの「地域パラダイム」を設定し、シリーズ全体で14カ国にも及ぶ国々の実態が報告されている。本シリーズの特長は、現地の研究者・実践者との綿密な連携に基づき、数量的な動向に加え、具体的な学校事例なども織り交ぜながら、有益な多くの情報を手際よく整

理している点にある。紙面の都合上、シリーズ各書を詳細にふれることは困難であるため、個人的に興味をもった第3巻の内容を中心に紹介することにしたい。

著者らが指摘するように、シリーズ全体で取り上げられた対象国は、日本における先行研究が乏しい国ばかりである。なかでも、第3巻に登場する4カ国は、特別ニーズ教育あるいはインクルーシブ教育に限らず、教育・福祉的な観点から紹介される機会はほとんどなかったはずである。最初に、スペインの状況について、論文3編と調査報告1編を通して知ることができる。編者の言葉を借りれば、スペインは特別ニーズ教育やインクルーシブ教育の推進に大きな影響を与えた「サラマンカ宣言」（1994年）採択の地であり、一つの「発信地」としての役割を果たしてきた。他方、教育的配慮のパラダイム転換をふまえ、インクルーシブ教育の進展にかかわる多くのジレンマを経験してきた国でもある。大規模な法整備が展開される一方、その運用に伴う人的・物的諸課題が生じており、それらはわが国が取り組むべき課題とも一致している部分がある。さらに、ムリエット市における取り組みや、言語・聴覚教育の動向といった地域性、専門性を考慮した問題提起が行われており、実践的な試みについても垣間みることができる。

また、メキシコに関する論文は、「排除」、「差別」、「否定」というインクルーシブ教育の理念に相反する厳しい現状評価から書き起こされており、多様性の理解に対する困難が鮮明に語られている。現段階では「幻想」とされるインクルーシブ教育の状況のなか、成功事例の蓄積や教師たちの挑戦が続いている様子が伝わってくる。キューバについての論文では、公衆衛生システムや高齢者福祉の充実ぶりだけでなく、インクルーシブ教育への積極的な取り組みが纏められており、その実態を知ることは新たな発見の連続でもあった。そして、首都バハマの研究機関におけるインタビュー調査や学校視察を通して、社会主義国家による政策の成果と限界に言及されている。インフラ整備の困難を抱えながらも、無償の医療制度や高度な学校制度（識字率、就学率）に支えられてきた障害者支援の一端を知ることは極めて有意義であろう。最後に登場するチリは、わが国において最も教育情報の少ない国の一つであり、障害者教育・福祉に関する枠組みすら十分に知られていないのではないだろうか。時代ごとの政

権運営に翻弄されながらも、インクルーシブ教育を推進するための条件整備が図られてきた。しかし、教育の市場化・民営化が進められる過程において、その「影」の部分が未だに色濃く影響を残しており、障害のある子どもの義務教育が小学校卒業までしか保障されていないなどの問題にも触れられている。

　世界の国々が種々の制度的・実践的な課題を抱えていることは想像に難くない。しかし当然ながら、漠然とした抽象的イメージのみでの議論は成立しない。本シリーズは、具体的な施策や実践、その背景をも捉えようとした意欲的かつ貴重な基礎資料の集積であり、全体が読み応えのある内容で構成されている。贅沢を言えば、本シリーズでは、インクルーシブ教育や福祉という幅広い分析視点を設定しているため、各国間の取り組みをめぐる論点がやや定まりにくい。ただし、読み手それぞれの問題意識に基づき、より特定の観点から情報を改めて整理・分析することにより、いっそうの理解を深めることが可能となるであろう。ともあれ、国際社会における目まぐるしい教育情勢の変化や、各国の個別的な特徴をつぶさに捉えることは容易ではない。本シリーズを通してもたらされた膨大な一次的情報は、今後のインクルーシブ教育の方向性を考える上で大きな意味をもつと考えられる。興味に応じてどの国（巻・章）から読み進めても理解しやすく、初学者から研究者まで活用できる貴重なシリーズとなっている。このテーマに関心をもつ多くの関係者に一読をお薦めするとともに、困難な研究課題に取り組み、多くの成果を上げてきた著者らの努力に敬意を表したい。

2018年度日本特別ニーズ教育学会奨励賞について

2018年6月22日

日本特別ニーズ教育学会代表理事　髙橋　智
同　奨励賞選考委員会委員長　澤　隆史

　2018年度日本特別ニーズ教育学会奨励賞につきまして、同学会奨励賞規程に基づき、『SNEジャーナル』第23巻1号に掲載された「原著」ならびに「実践研究」論文を対象に選考を行いました。

　同賞選考委員会による予備選考により授賞候補論文を選定した後、理事会（2018年6月3日開催）にて審議した結果、以下の1編の論文を2018年度日本特別ニーズ教育学会奨励賞授賞論文として決定し、杉原彩乃会員に授賞することになりましたのでご報告致します。

授賞者	杉原彩乃
授賞論文	杉原彩乃・加瀬進「重度障害者のニーズ把握に関する方法論的検討―本人・関係者に対する日中活動についての調査から―」

　なお、今年度開催される「日本特別ニーズ教育学会第24回研究大会（大阪体育大学）」におきまして授賞式を行うとともに、授賞者による記念講演を行っていただく予定です。

2018年度日本特別ニーズ教育学会奨励賞授賞式ならびに記念講演
○日　時：2018年11月18日（日）学会総会時
○会　場：大阪体育大学（大阪府泉南郡熊取町朝代台1-1）
　　　　※講演会場は、当日、受付にてご案内させていただきます。

次号『SNEジャーナル』第25巻 （2019年秋発刊予定） への原稿募集

『SNEジャーナル』への投稿を歓迎します。

投稿資格、投稿原稿の種類、投稿要領などは「投稿規定」「執筆規定」をよくご覧下さい。投稿区分による原稿枚数や図表の扱いなど、規定を逸脱している原稿が毎回何本か見られます。ご注意下さい。

なお、原著論文は、本学会の研究大会もしくは研究集会等で何らかの報告をしていることが望まれます。また、通常の学校・学級、特別支援学校その他の教育機関や相談機関における、特別な教育的ニーズをもつ子ども・青年・成人にかかわる教育実践の研究・報告なども歓迎します。

投稿原稿は複数の編集委員・編集協力委員が査読し、査読結果に基づいて編集委員会が採否を決定します。

> 投稿期日につきましては、2019年4月下旬を予定しておりますが、詳細は今後の理事会で決定いたします。会員の皆様には、ホームページや事務局便り等にて、年度内に詳細をお知らせいたします。

日本特別ニーズ教育学会
機関誌『SNEジャーナル』編集委員会

◆編集委員会 E-mail : hensyu@sne-japan.net
◆投稿原稿等送付先（郵送分）：立命館大学産業社会学部　田部絢子研究室
　　　　　　　〒603-8577　京都府京都市北区等持院北町56−1
　　　　　　　電話：075−466−3230（研究室直通）

SNEジャーナル編集規定、編集委員会規定、投稿規定及び執筆規定

編集規定

1．本誌は「日本特別ニーズ教育学会」（略称SNE学会）の研究誌であり、誌名を『SNEジャーナル』とする。当分の間、原則として1年1巻とする。
2．本誌は、本誌の性格にふさわしい未発表の原著論文、実践研究、資料、報告、会報、その他で構成する。実践研究も、その実践及び研究が明確な仮説に基づいておこなわれ、論文が論理的に構成されているものは、原著論文として扱う。
3．出版形式は印刷によるものとするが、DVD出版（原稿を単純にテキスト・ファイルに変換しただけのもの）も用意し、希望者に有償で頒布する。
4．本誌に投稿できる者は、編集委員会の依頼による者以外は、本学会の会員に限る。ただし、常任編集委員会が認めたものはその限りではない。なお、著者全員が本学会の会員であり、年度会費を納入済みであること。
5．本誌に投稿しようとする会員は、所定の投稿規定に従うものとする。

（2017年2月5日　理事会承認）

編集委員会規定

1．機関誌『SNEジャーナル』編集委員会（以下、「編集委員会」という）は、本学会の機関誌『SNEジャーナル』の編集ならびに発行に関わる業務を行う。
2．編集委員会は理事をもって構成する。
3．編集委員会には、編集委員の互選による編集委員長および副編集委員長を置く。編集委員長は編集委員会を代表し、機関誌の編集・発行にかかわる一切の業務を統括する。副編集委員長は編集委員長を補佐し、編集委員長事故ある場合には、その職務を代行する。
4．編集委員の任期は3年とし、再任を妨げない。
5．編集委員会は、編集委員長がこれを開催する。
6．編集委員長は、編集委員会の運営に関し、適宜、理事会に報告する。
7．編集委員会は、必要に応じて、編集協力委員を委嘱することができる。編集協力委員は編集委員会から委嘱された論文の審査に加わる。
8．編集委員会は、その業務を補佐するために編集幹事をおくことができる。編集幹事は、編集委員会の議を経て、編集委員長がこれを依嘱する。

9．この規定の改定は、理事会で承認を得るものとする。

(2017年2月5日　理事会承認)

投稿規定

1．論文投稿者は本会会員に限られる。

2．投稿原稿は未発表のものに限る。

3．本誌には特別ニーズ教育に関する未公刊の和文で書かれた原著論文、実践研究論文、資料論文、報告などオリジナルな学術論文を掲載する。

　　(1) 原著論文は、理論、実験、事例等に関する研究論文とする。

　　(2) 実践研究論文は、教育、福祉などの実践を通して、実際的な問題の究明や解決を目的とする研究論文とする。

　　(3) 資料論文は、原著論文に準じた内容で、資料性の高い研究論文とする。

　　(4) 報告は、特別ニーズ教育に関する課題について報告する論文とする。

　　(5) 上記論文のほか、特集論文を掲載する。

4．原著論文・実践研究は、図表をふくめて、400字詰め原稿用紙換算で50枚以内（英文抄録が必要）とする。資料は、同じく400字詰め原稿用紙換算で30枚以内（英文抄録が必要）とする。報告は、同じく400字詰め原稿用紙換算で30枚以内（英文抄録は不要）とし、その他の投稿区分が必要な場合には編集委員会が判断する。

5．原稿は全てPCによりA4判に40字×30行でタイプし、使用したソフトウェア等については所定の書式による投稿カード及び投稿チェックリスト、著作権に係る承諾書を添付すること。表紙には論文種別（投稿区分）、論文題目、キーワードを記載し、投稿者名は書かないこと。図表等は、そのまま複写ができるように、本文とは別途に実寸で作成したものを添付し、本文原稿中に印刷箇所を指示すること。図表等の印刷費は、原稿執筆者に別途負担を求めることがある。規定に従い作成した原稿は1部を郵送する（簡易書留等）とともに電子メールにてPDFとして送付すること。

6．文献及び注の記載は執筆規定によるものとする。

7．投稿原稿には、題目・氏名の英文表記を付けるものとする。

8．原著論文、実践研究、資料には、執筆者の責任で3〜5項目のキーワード（和文・英文）を付けるものとする。

9．投稿原稿（報告を除く）には、本文とは別に、英文で300ワード程度の抄録を付け、その和文訳を添付するものとする。執筆者の責任で正確な英文にして提出すること。なお、英文以外を認めることがある。

10．日本語を母語としない投稿者が投稿する場合は、英文での投稿を認める。その際には、400字程度の日本語による抄録を付けるものとする。なお、英文以外を認めること

もある。

11. 原著論文および実践研究論文は、その論文内容に関する研究成果を投稿以前もしく
は当該年度の本学会大会にて発表することを要する。

12. 投稿者は本学会の「倫理綱領」及び日本学術会議「科学者の行動規範改定版」を遵
守し、投稿論文の内容について十分に人権及び研究倫理上の配慮をしなければならな
い。また、研究実施の際に配慮した研究倫理に係る事項があれば、論文中に記載する
こと。

13. 印刷の体裁、その他は編集委員会が決定する。

14. 投稿原稿は、返還しない。

15. 『SNE ジャーナル』掲載原稿の著作権は、学会に所属するものとする。

(2017年2月5日　理事会承認)

執筆規定

1. 表記については新仮名遣い、当用漢字、算用数字の使用を原則とするが、歴史的史
資料等についてはこの限りではない。

2. 外国語の表記については次のいずれかに統一する。

　①外国人名・地名等の固有名詞以外は訳語を用い、必要な場合にのみ初出の際だけ
　原語を付する。

　②すべて訳語を用い、必要な場合にのみ初出の際だけ原語を付する。

3. 註記については最後にまとめ、引用文献も含めて本文中に1) 2) 3) のように連番で
明示すること。文献記述の形式は次のとおりとするが、全体が統一されていれば、発
行年を著者名の直後に（　）で挿入してもよい。

＊雑誌の場合は、著者名、題目、雑誌名、巻号数、発行年、論文所在頁、単行本の場合
は著者名、書名、発行所、発行年、引用該当頁、とし、共著単行本の場合は雑誌に準
ずる形式とする。

　例)

　Rosenqvist, Jerry: Special Education in Sweden. *European Journal of Special Needs
　Education*, Vol.8, No.1, 1993, 59-73.

　荒川智『ドイツ障害児教育史研究―補助学校教育の確立と変容―』亜紀書房、1990、
　35-48。

　清水貞夫「障害児義務教育制度の直面する問題」茂木俊彦・清水貞夫編著『障害児
　教育改革の展望』全障研出版部、1995、97-166。

(2017年2月5日　理事会承認)

「日本特別ニーズ教育学会」会則

第1条（名称）

本会は、日本特別ニーズ教育学会（略称「SNE」学会）と称する。英語表記を "Japanese Society for Special Needs Education" とする。

第2条（事務局の所在）

事務局は、東京学芸大学におく。

第3条（目的）

本会は、特別ニーズ教育に関する理論的・実践的研究を通して、学習と発達への権利に関する教育科学の確立を期する。

第4条（事業）

本会は次の事業を行う。

　　1　研究大会の開催。研究大会の開催にかかる規定は別に定める。

　　2　研究誌の発行。研究誌の発行は編集委員会が担当する。

　　3　研究委員会の組織。研究委員会は理事会が決定する。

　　4　研究成果に基づく図書などの刊行。

　　5　国際的な学術交流、共同研究の推進。

　　6　その他、本会の目的を達成するために必要な事業を行う。

第5条（会員）

本会の目的に賛同し、その目的追求に参加する意志を有する者は、会員となることができる。入会にかかる規定は別に定める。

　　2　本会の運営・発展に大きな功績を残した会員を「名誉会員」とすることができる。名誉会員にかかる規定は別に定める。

第6条（会員の権利）

　　1　会員は、本会の事業に参加することができる。

　　2　会員は、総会に出席して意見を述べ、議決に参加することができる。

　　3　会員は、研究大会において発表することができる。また、研究誌に投稿することができる。

第7条（総会）

本会の最高議決機関は総会である。定期総会は年1回開かれる。臨時総会は、理事会がこれを招集する。理事会は、会員の3分の1以上の署名による要求があるときは、総会を招集しなければならない。

総会における審議事項は別に定める。

第8条（役員）

本会に次の役員を置く。

1 理事。
(1) 理事の任期は3年とし、連続する任期は6年までとする。理事の選出は、会員の選挙による。選挙の方法は別に定める。
(2) 理事会における選挙により代表理事を選出する。
(3) 代表理事の指名により副代表理事を置くことができる。副代表理事は、代表理事を補佐または代行する。

2 事務局長及び幹事。事務局長及び幹事は理事会が委嘱する。
3 会計監査。会計監査は理事会が委嘱する。
4 必要に応じて評議員を置くことができる。評議員は理事会が委嘱し、評議員にかかる規定は別に定める。

第9条（理事会）

1 理事は、理事会を組織し、本会の会務全体を総括する。
2 理事会の議長は代表理事が務める。

第10条（事務局）

本会に事務局をおき、事務局長と幹事で構成する。事務局は会の事務処理を行う。

第11条（会計）

1 本会の経費は、会費、寄付金、補助金、印税その他の収入により賄う。
2 会費は、年額7000円とする。
3 会計年度は、毎年4月1日から翌年の3月31日までとする。

第12条（会則改正）

本会則の改正は、総会において3分の2以上の同意によって行われる。

第13条（細則）
　　1　本会の運営を民主的かつ円滑にするために、別に会則細則を定めることができる。
　　2　会則細則の決定および改正は理事会の承認による。

付則　本会の会則は、1995年11月25日より施行する。
付則　本会の会則は1999年11月7日に改正する。
付則　本会の会則は2007年10月20日に改正する。
付則　本会の会則は2009年10月17日に改正する。
付則　本会の会則は2012年10月21日に改正する。
付則　本会の会則は2013年10月20日に改正する。
付則　本会の会則は2016年10月16日に改正する。

SNE JOURNAL Vol.24 No.1

Contents

SPECIAL ISSUES : Special Needs Education and Schools from
the Perspective of Minorities

<Editorial>

KARIYA Emiko, NITSU Satoshi :

.... 5

<Articles for Special Issues>

ARAI Hideyasu :

Collaborative learning for children who have different special
educational needs in regular class:
focus on teaching method to participate learning activities
in academic subjects

.... 9

OHASHI Nobukazu :

Selective Mutism and Hikikomori:
A Study of my personal history

.... 24

OKUMURA Ryo :

The Sexual Diversity in School Education:
From the Viewpoint of LGBT

.... 38

SEKIMOTO Yasutaka :

  Learning of Japanese Language and Night Junior High School:

  Based on the History, Current Situation,

  and the Direction of the Government

  51

<Original Article>

ISHII Tomoya, TAKAHASHI Satoru :

  Popularization of Primary Education by Tokyo City and

  Emergence of Children's "Poverty, Child labor, Non-enrollment,

  Disease and Delinquency" since the Revision of "Shogakko Rei" in 1900:

  Background of Establishing "Special Elementary School" and

  "Night Elementary School"

  66

NISHI Norihiro, ITO Shun :

  What are the different difficulties faced by pupils of

  low academic achievement because of their schools' backgrounds?:

  A comparative case study of two elementary schools.

  84

<Brief Notes>

KAWATE Saeco :

  School transition among children with intellectual disabilities

  who proceeded from junior high school to upper secondary

  departments of Special Needs School:

  Through their Reality shock and Positive surprise

  103

ITO Shun :

  Inclusive Education in Scotland:

  Focusing on the New-Era after the Establishment of

  Scottish Parliament.

  116

SAITO Ryotaro, NAOI Maiko, OKUZUMI Hideyuki :
  Creation and verification of a scale of
  "teacher perspectives on instruction at special needs education school
  for children with intellectual disabilities"
  ·· 129

<Report>
ISHIBASHI Yukiko, TANI Yoshie, YOSHITOSHI Munehisa :
  Investigation of Actual Conditions for Advancement of a Local
  Special Education Center at a Special Needs Schools:
  A Survey Analysis of Boards of Education
  ·· 143

ONOGAWA Fumiko, TAKAHASHI Satoru :
  Actual Situation on the Difficulties of Breeding and
  Development of Children with Intellectual Disabilities and
  the Role of Boarding Houses Education:
  From Survey of Parents of Boarding Houses Installed in
  Schools for Special Needs Education for Students with
  Intellectual Disabilities
  ·· 154

<Book Review> ·· 166
<New for the Next Volume> ·· 170
<Contents and Abstracts> ·· 177
<Editorial Notes> ·· 187

edited by
Japanese Society for Special Needs Education

Collaborative learning for children who have different special educational needs in regular class: focus on teaching method to participate learning activities in academic subjects

ARAI Hideyasu

Recently, it found that there are many students who have learning difficulty because of different kinds of special needs in primary and secondary school. The purposes of this study are

（1）to enclose how to teach academic subjects for children with learning difficulties in primary and secondary school.

（2）to consider the curriculum and teaching method for them to participate learning activities in regular class.

The results of this study are as follows. It found that it is important to promote active learning to participate academic lessons for children with special educational needs through lesson study in regular class. Furthermore, in order to include them in school curriculum, there have to give not only supplementary tuition or universal design for learning, but also to increase chances to chat in the class or to be able to grasp the essential matter in each academic subjects.

It concluded that curriculum development connected with flexible and improvised teaching skill is one of key issues to promote inclusive practice and collaborative learning for children with special needs in regular schools.

Learning of Japanese Language and Night Junior High School: Based on the History, Current Situation, and the Direction of the Government

SEKIMOTO Yasutaka

Night junior high school has accepted various socially vulnerable in the history after the war in Japan, but has not received sufficient support from the government and others. However, for a long time, participants of the Japanese association for the study on night junior high school and people concerned about voluntary-based night junior high school have worked hard on the government.

In recent years, nonpartisan parliamentarians accepted requests for night junior high school, and in 2014 formed "Parliamentary League for Expanding of Compulsory Education in Night Junior High School etc." Then, they inspected night junior high schools and established "Act to Guarantee Access to Supplementary Learning" in December 2016 based on the opinions of persons concerned.

Based on the circumstances, the Ministry of Education, Culture, Sports, Science and Technology launched measures to establish "at least a night junior high school every prefecture" and enrich the educational conditions of it. This resulted the nationwide expansion and improvement of night junior high school.

Currently, people who have not completed compulsory education with diverse backgrounds are studying at night junior high school. We can find out there various possibilities for promoting multicultural inclusive society in Japan.

Popularization of Primary Education by Tokyo City and Emergence of Children's "Poverty, Child labor, Non-enrollment, Disease and Delinquency" since the Revision of "Shogakko Rei" in 1900: Background of Establishing "Special Elementary School" and "Night Elementary School"

ISHII Tomoya   TAKAHASHI Satoru

This study clarified various children's educational problems which became obvious, as the Tokyo city established more public elementary schools and promoted attending that schools since revision of "Shogakko Rei" in 1900 and considered the significance of "special elementary school" and "night elementary school" which were said to be different from public elementary school.

In addition, we reviewed the efforts by "special elementary school" and "night elementary school" which had been regarded as "exceptional schools" in the historical context of "special educational consideration in the framework of regular education".

Various educational considerations were made by Tokyo city and each school through implementation of school events, excursions, school arts festival, communicating with families, strengthening school hygiene such as physical examinations and arranging school doctors and establishing "special elementary school" and "night elementary school" in order to implement educational response for "poverty, child labor, and non-enrollment", since revision of "Shogakko Rei" in 1900.

Meanwhile, it became serious that two-session system, excessive class size, children's learning difficulties, diseases and health problems were caused by urban population growth and lack of teachers and schools due to an unstable financial base since the extension of compulsory education duration with the revision of "Shogakko Rei" in 1907.

What should be clarified as future tasks is how educational consideration according to child's development and daily life which was implemented in "special elementary school" and "night elementary school" would contribute to solving various children's educational problems exposed widely in Tokyo city and how it would lead to the educational relief project in 1920s.

What are the different difficulties faced by pupils of
low academic achievement because of their schools' backgrounds?:
A comparative case study of two elementary schools.

NISHI Norihiro   ITO Shun

The aim of this paper is to highlight the school experiences of children with low academic achievement in two elementary schools which have differences in their socio-economic status due to the area in which they are located. We conducted research from April 2015 to March 2017 through participant observation, interview surveys and so on. As a result, we discovered that children with low academic achievement face troubles and difficulties in the schools both during class time and break time. However, we also discovered differences of teachers' attitude and behavior towards these children, and we considered the reasons for these differences from the educational sociological perspective. In elementary school "A", these children cannot be accommodated by their teachers because the number of these children is lower than other children. However, in elementary school "B" these children can be accommodated in the class because there are many children with low academic achievement in that school.

Moreover, in elementary school "A" children's' deviant behavior is identified and they are perceived as "Children with Special Needs" by other children and teachers. On the other hand, in elementary school "B" the difficulties faced by these children are not resolved by their teachers but by their peers in the class. The difficulties are thus not observable and if they need support from their teachers, sometimes they cannot get that support because their difficulties are unknown.

In this research, we discovered various difficulties faced by children and pointed to a lack in previous research which focused from the macro perspective on the differences in "areas" such as working-class areas and middle-class areas.

School transition among children with intellectual disabilities who proceeded from junior high school to upper secondary departments of Special Needs School: Through their Reality shock and Positive surprise

KAWATE Saeco

The purpose of this paper is to examine the transition of children with intellectual disabilities from junior high school to upper secondary departments of a special needs school. For this purpose, two concepts will be introduced: Reality shock and Positive surprise. Previous studies show that Reality shock can work as a positive turning point, and also reveal that Positive surprise can promote adaptation. This study tries to grasp whether children with intellectual disabilities experienced these two concepts. Five participants were recruited (3 males, 2 females, aged 19-20 years). A semi-structured interview was conducted and the data were analysed by the KJ method and the qualitative unification method. Results suggest that four participants reported episodes considered as Reality shock and three participants reported Positive surprise. School transition, especially for children with disabilities, is often seen as a negative event. However, these results show that there are positive possibilities in school transition of children with disabilities.

Inclusive Education in Scotland:
Focusing on the New-Era after the Establishment of Scottish Parliament.

ITO Shun

This paper aims to reveal the development of educational policy about inclusive education in Scotland. After getting autonomy from UK, Scottish government setting the agenda to promoting mainstreaming which aims to include all pupils in mainstream class as inclusive education. Because of this promotion, the number of pupils in special school is decreasing. Then this paper reveals the development of educational policy after getting autonomy from UK thorough reviewing the policies and articles about it.

As a result, this article divided three phases of development. First, in early phase, Scottish government has announced their policy of promoting mainstreaming. Especially, they focused on pupils with disability for inclusion. However, it was not sufficient for realizing mainstreaming because there are many pupils with difficulties for learning in mainstreaming class not only disability but also other needs. Second, in developing phase, Scottish government introduce Additional Support Needs (ASN) which replaced Special Educational Needs for capturing pupils' needs. ASN included any kind of needs which pupils faced in mainstream class for learning and if necessary, educational authority have to make Co-ordinated Support Plan for supporting pupils. Although the number of pupils with ASN is increasing from introduction of this term, most of pupils with ASN are learning in mainstream class. Third, in expansion period, Scottish government focus on not only in learning situation but also all situation of pupils' life. Educational authorities are demanded that they must consider all pupils plan for education, and if necessary, they must make Child's plan for special support for pupils' well-being in their life.

However, economic crisis in the world, Scottish government decided to resign part-time staff for supporting pupils, then education authority face huge problem for continuing support in mainstreaming class. In this article, we focus on policy, therefore we do not capture authorities' strategy against the situation. Thus, we should conduct research from micro perspective such as ethnography for illustrating mainstreaming practice.

Creation and verification of a scale of "teacher perspectives on instruction at special needs education school for children with intellectual disabilities"

SAITO Ryotaro　　NAOI Maiko　　OKUZUMI Hideyuki

This study administered questionnaires to teachers at elementary and junior high schools for special needs related to intellectual disabilities. We used exploratory factor analysis to create and verify a scale of "teacher perspectives on instruction at special needs education school for children with intellectual disabilities." Furthermore, the relation between teacher perspectives on instruction at special needs education schools for children with intellectual disabilities and each of several points was assessed: teaching experience, teaching experience at a special needs education school, holding of a special needs education school teacher's license, disabilities of their students, and the department to which the teacher belonged. A questionnaire survey was administered to 227 teachers at public special needs education schools. Four factors were extracted from the results: "Encouragement," "Teacher-led," "Children's subject/ Flexible," and "Consistent instruction." Significant correlation was found between the score of the existing scale item and the score of the self-anchoring scale item, thereby confirming the criterion-related validity. Furthermore, results demonstrate that teacher perspectives of instruction differed depending on factors such as teaching experience, department to which the teacher belonged, and teaching experience at special needs education school for "Encouragement," "Children's subject/ Flexible," and "Consistent instruction."

編集後記

　2017 年度より「編集協力委員制度」を設け、投稿論文の増加傾向と幅広くなってきている研究テーマに対応し、より精度の高い査読を行うよう学会として努めています。専門分野の近い会員にご協力賜るよう編集委員会より会員のみなさまに依頼しています。誌面にて誠に恐縮ではございますが、編集協力委員をお引き受けくださいました先生方に御礼申し上げます。

　また、投稿に際して、従来の投稿カードに加え、「投稿確認チェックリスト」「著作権に係る承諾書」の提出を求めるように変更して 2 回目の編集業務となりました。皆様のご理解・ご協力のおかげで、編集手続きの効率化の向上が見られています。

　さて、本誌の特集は「マイノリティの視点からみた特別ニーズ教育と学校」とし、理論研究はもちろん、マイノリティ当事者や教育現場等の実践者の生の声も踏まえながら、特別ニーズ教育の果たすべき役割や課題を取り上げました。本特集は、2017 年 10 月に開催された日本特別ニーズ教育学会第 23 回研究大会における課題研究「マイノリティの視点からみた特別ニーズ教育」の成果をふまえ、〈多様性〉に開かれた文化・価値の考察と創造を企図して構成したものです。本編集委員会が企画する特集は学会大会時の「課題研究」と連動して議論を深めることになっておりますので、本誌をもとにさらにお考えいただく機会となれば幸いです。

　投稿論文として原著 2 本、資料 3 本、報告 2 本、合計 7 本を掲載することができました。その内容は多角的・多面的で、SNE ジャーナルらしい投稿論文の内容と言えるでしょう。特別ニーズ教育学に関心を寄せる若手研究者・実践家や研究歴の浅い研究者・大学院生の研究支援は、学会理事会・編集委員会の掲げる課題ですが、2018 年 6 月の中間集会において初めて行われた若手チャレンジ研究会（卒論・修論・博論の構想発表や SNE ジャーナル投稿・大会研究発表を目指す方のチャレンジを応援・支援する研究交流の場）と学会誌投稿・本大会研究発表とを合わせてチャレンジしていただいている方も少なくない状況となっており、継続して重要な取り組みとしていきたいと考えています。

　今後も SNE ジャーナルの発刊・編集に際し、皆様の積極的なご投稿をお願いするとともに、会員の皆様におかれましては編集協力委員として論文審査へのご協力のお願いをさせていただくことがございますので、ご理解・ご協力くださいますようよろしくお願い申し上げます。

　ご投稿いただきました皆様、書評（図書紹介）をご担当いただきました先生方、査読をご担当いただきました委員の皆様に深く感謝申し上げます。また、本誌の刊行をご担当いただいております文理閣の山下編集長に、記して深く感謝申し上げます。

（田部絢子）

日本特別ニーズ教育学会機関誌『SNE ジャーナル』編集委員会

〔編集委員〕

荒川　智	猪狩恵美子	石川　衣紀	◎奥住　秀之	小野川文子
加瀬　進	○澤　隆史	高橋　智	田中　謙	＊田部　絢子
二通　諭	村山　拓	○吉利　宗久	渡部　昭男	

（五十音順、◎編集委員長、○副編集委員長、＊編集幹事）

〔編集協力委員〕

新井　英靖	池本喜代正	窪島　務	田中　良三	堤　英俊
丹羽　登	船橋　秀彦	別府　悦子	渡邊流理也	

（五十音順）

『SNE ジャーナル』第 24 巻 第 1 号
マイノリティの視点からみた特別ニーズ教育と学校

2018 年 10 月 30 日発行

編集者　日本特別ニーズ教育学会『SNE ジャーナル』編集委員会
（編集委員長　奥住秀之）
発行者　日本特別ニーズ教育学会
（代表理事　髙橋　智）
発行所　図書出版　文理閣
京都市下京区七条河原町西南角 〒 600-8146
電話 075（351）7553　FAX 075（351）7560
ISBN 978-4-89259-834-0
ISSN 1343-3288

日本特別ニーズ教育学会事務局
〒 184-8501　東京都小金井市貫井北町 4-1-1
東京学芸大学総合教育科学系特別支援科学講座
村山　拓　研究室　jimukyoku@sne-japan.net
TEL 042（329）7393